清末民初文獻叢刊

賀先生文集

[清]賀濤 著
徐世昌
賀葆真 編

朝華出版社
BLOSSOM PRESS

圖書在版編目（CIP）數據

賀先生文集 / (清) 賀濤著 ; 徐世昌, 賀葆真編
. -- 北京 : 朝華出版社, 2018.8
(清末民初文獻叢刊)
ISBN 978-7-5054-4295-5

Ⅰ. ①賀… Ⅱ. ①賀… ②徐… ③賀… Ⅲ. ①賀濤（
1849-1912）一文集 Ⅳ. ①Z429.52

中國版本圖書館CIP數據核字(2018)第151633號

賀先生文集

作　　者　[清]賀　濤
編　　者　徐世昌　賀葆真

選題策劃　楊麗麗　尚論聰
責任編輯　劉小磊
特約編輯　秦錦霞
責任印制　張文東　陸競贏
封面設計　劉敬偉

出版發行　朝華出版社
社　　址　北京市西城區百萬莊大街24號　　**郵政編碼**　100037
訂購電話　（010）68996618　68996050
傳　　真　（010）88415258（發行部）
聯系版權　j-yn@163.com
網　　址　http://zhcb.cipg.org.cn
印　　刷　藝堂印刷（天津）有限公司
經　　銷　全國新華書店
開　　本　880mm×1230mm　1/32　　**字　　數**　144千字
印　　張　15
版　　次　2018年8月第1版　2018年8月第1次印刷
裝　　別　精
書　　號　ISBN 978-7-5054-4295-5
定　　價　112.00元

出版前言

中國自一八四〇年鴉片戰爭以來，傳統的農業文明在西方的堅船利炮轟擊之下徹底被顛覆，有擔當的知識分子苦苦追尋，思索社會改革的途徑。從最初的『師夷長技以制夷』到『民主制度，天下之公理』（梁啓超語），他們發現要『强國富民』，首先要『開啓民智』，衹有民衆擁有了獨立思想和批判精神，國家纔能實現真正的强大。在此後一百年的時間裏（一八四〇—一九四九），思想者們從社會變革深入到國民性的改造，用每一部作品見證着中國近代化的遞變歷程。這是一個極其重要的時代，《清末民初文獻叢刊》正是收録了這一時期的作品，大部分書籍都是早期版本，有着極高的文獻研究價值。

清末的中國經歷了『三千年來未有之大變局』（李鴻章語），大清王朝面對西方列强的艦炮，表現得驚慌失措。尤其是鴉片戰爭，使『天朝帝國萬世長存的迷信受到了致命的打擊，野蠻的、閉關自守的、與文明世界隔絶的狀態被打破了』（《馬克思恩格斯選集》）。一批士大夫知識分子，尤其是在歐美諸國擔任使臣或者游歷的知識分子最先覺醒，着眼于對西方國家的考察，進而反省本國政治制度的劣勢，可以視作『啓蒙』的端倪。如曾擔任駐英公使（兼任駐法公使）的郭嵩燾在《使西紀程》中以日記的形式記録了自己對歐西諸國的觀感，他在考察了英國的政治制度之後，發現英國政府官員收入超過三百磅者與普通老百姓一樣同等納税，他説：『此法誠善，然非民主之國，則勢有所不行。西洋所以享國長久，君民兼主國政故也。』他明確提出了『民主』，在國家的管理問題上，人民也有參與的權利。他在該書中所披露的西方政治、經濟、文化等領域優于大清帝國這一事實觸動了保守派的神經，立刻遭到保守派群起而攻之，進士何金壽彈劾他『有二心于英國，欲中國臣事之』，他家鄉湖南的民衆對他更是痛加詆毀，以至于滿城揭帖，誣蔑他『溝通洋人』，在這種群情洶洶的情況下，朝廷最後下旨將《使西紀程》毁版，從而使該書成了禁書。然而，書雖被毁版，却不能堵死民衆的傳播與閲讀的途徑，上海的《萬國公報》依舊連載該書，張佩綸曾説：『朝廷禁其書，而新聞紙接續刊刻，中外傳播如故也。』從某種意義上來説，啓蒙是時代的需要，盡管清政府發諭旨禁了該書，民衆乃至一些朝廷大員却依舊在私下閱讀，以便瞭解外部的世界。進步的社會是開放性的，任何企圖『閉關鎖國』的努力都意味着歷史的倒退，衹有開放，與整個世界文明保持同等的步伐，纔能實現真正的强國之夢。當大批知識分子走出閉鎖的國門，親歷了文明的洗禮之後，也就把啓蒙的智識帶回了中華大地。容閎的《西學東漸記》，梁啓超的《新大陸游記》，崔國因的《出使美日秘日記》等一大批作品介紹了海外諸國的政治、經濟、軍事、外交、文化。雖然這些作品在認識上仍然帶有時代的局限性，然而却是那時最爲珍貴的聲音。

另一方面，在學術上，中國文化母體内『經世致用』思想與資産階級思想相結合，也喚起了變革，以康有爲、梁啓超爲首的改良派試圖通過自上而下的革新以實現變革。康有爲的《新學僞經考》《孔子改制考》就是借經學之表論資産階級學説之裏的著作，康有爲的弟子梁啓超更是通過《新民説》一書提出國民性改造。與早期啓蒙者『師夷長技』的器物文明引進不同，梁啓超上升到形而上的精神領域，從文化心理上更加徹底地進行變革。梁氏是清朝末年到民國初年一個橋梁式的人物，被譽爲『輿論之驕子，天縱之文豪』，其影響力不但在學術領域，同時還在文學領域，他所倡導的『詩界革命』得到了譚嗣同、黄遵憲、丘逢甲等人的響應，黄遵憲的《日本雜事詩》，丘逢甲的《嶺雲海日樓詩鈔》都體現了這種主張。這一主張要求反映新的時代和新的思想，用『我手寫我口』（黄遵憲語）的方式直抒胸臆，對長期占詩壇主流的擬古主義、形式主義產生了巨大的衝擊，解放了寫作者的心靈和頭腦。

與社會變革同步的是早期對西方思想著作的翻譯，這裏面影響最大的是嚴復，他翻譯的《天演論》《社會通詮》等書直接孕育了民國一代的知識階層。魯迅、胡適等人在文章中都曾提到《天演論》對他們思想所產生的震撼。與嚴復略有不同的另一位翻譯家是林紓，他的譯作雖然參差不齊，但却在更細膩的心靈層次對讀者產生影響，許壽裳曾回憶，他和魯迅都熱衷于林譯的小説，如《巴黎茶花女遺事》《黑奴籲天録》《迦茵小傳》等作品。

辛亥革命之後，進步社會思潮成爲主流，比之清末思想啓蒙者『求存』的追求，民國以來的知識階層深入到了更加細微的肌理，一方面呼喚社會變革，另一方面進行點滴的建設，革命并不能使所有的一切一蹴而就，在更加深廣的領域，事物的改變是由微觀而宏觀。通俗地説，比之于革命，建設的意義更大。如《中國商業史》《中國教育史》《中國倫理學史》《中國哲學史大綱》《中國小説史略》等一大批作品都是進行系統的梳理與建設的理論作品。其中，以胡適和魯迅二人的影響最大，他們的作品一紙風靡，從而成爲新文化運動的主力人物。

《清末民初文獻叢刊》收録的文獻大致上可以分爲三個階段，其中龔自珍、張之洞、魏源、郭嵩燾、薛福成等人的作品可視爲『早期啓蒙』，康有爲、梁啓超、黄遵憲、嚴復、林紓等人的作品可視爲『中期啓蒙』，胡適、魯迅、蔡元培等人的作品可視爲『晚期啓蒙』。當然，這種劃分并非嚴格意義上的，大部分啓蒙思想者隨着時代的變化，其思想在不斷進步。縱觀整個近現代史，可以發現，要求變革不是在某一個領域，由某一類人發起和完成的，而是全社會的要求。

變革，已經成爲全社會的共識。

從清末民初的文獻中，我們能够發現一種豐富性。這些作品涉及政治、經濟、軍事、教育、外交、宗教、心理、情感等方方面面，從内而外地净化着中國兩千年以來的封建積習。它不祇是對社會的改造，更是對人心靈的重塑；它首重國家社會之建設，同時亦重靈魂心智之唤醒；它是宏大的，也是微觀的；它是嚴肅莊重的，也是活潑靈動的；這些作品結構精巧，思想内容深刻，擁有濃厚的人文主義色彩，對推動社會主義建設，實現中國夢有重大意義，是近現代中國一百年來最宏富的智識與情感的寶藏。因此，整理這些文獻作品，無論是出于資料保存的目的，還是爲圖書館提供資料副本，都有不可估量的意義。

特定時代下的文獻，當它一旦形成（既指草擬，創作的完成，也指其成爲一個載體），就不可再複製了，也就意味着它將面對消亡。對于文獻資料而言，越接近歷史事件發生的時代記録，越具有研究價值。文獻本身具有不可再生性，它衹會消亡，而不會增多。盡管文獻本身的文字可以保留下來，并進行傳播，却失去了當時的時代氣息。當時的作品可能在技巧上，文字的成熟度上不及當代，但它所負載的信息，創作者的情感都反映了當時的歷史，也就是説，它具有不可替代的歷史意義。

影印的版本有三個特點，第一是擁有文獻的『原始性』；第二個特點是『未經改動的』；第三個特點是『歷史的原貌』。所謂『原始性』，也就是説，它是第一手資料，而非轉述的，回憶形成的；『未經改動的』，是指未被篡改、删節、挖補的；『歷史的原貌』是指在影印製作過程中，完全依照文獻的原來模様……這様製作出版的作品，無异延續了文獻的壽命。

近現代思想史上的一個最重大的思潮就是『開放』，從林則徐的『開眼看世界』到蔡元培的『兼容并包』，都是在倡導一種開放式的胸襟。而《清末民初文獻叢刊》最有魅力的部分就是『開放』這一主題，衹有融入到世界文明發展的進程中，中華文明纔能歷久彌新。

《清末民初文獻叢刊》編委會

二〇一七年四月十四日

凡例

一、《清末民初文獻叢刊》（以下簡稱『叢刊』）爲影印本，舉凡所用之底本，均爲該書之早期版本。有清末刊本，亦有民國印本。

二、《叢刊》均依底本影印，未予删改，僅代表作者個人觀點，不代表官方立場；原刊本有誤，不予校改，以保留文獻之原貌。

三、《叢刊》所用之底本，因時日久遠存在漫漶的情況，均進行了修復；底本闕文、印刷不清，均保留原貌。

四、爲讀者閲讀之便，《叢刊》中之舊底本目録未標記頁碼者，編了目次；原底本有頁碼和目録，未予重複編目。

五、爲保持文獻的原始風貌，影印本保留了原書書影（原書爲多册，則保留第一册書影）、扉頁等信息。所用底本無相應信息者，則不予妄添，以免錯訛。

目録

賀先生文集

徐坊謹署

民國紀元三年七月刊于京師

賀先生文集敘

賀先生文集四卷武強賀松坡刑部濤所作也自桐城姚姬傳氏推本其鄉先生方氏劉氏之微言緒論以古文辭之學號召天下湘鄉曾文正公廓而大之曾公之後武昌張廉卿桐城吳摯甫兩先生最爲天下老師繼二先生而起者則刑部君也蓋桐城諸老氣淸體潔義法謹嚴篤守先正之遺緒遵而勿失於異學爭鳴之時巋然獨得其正此其長也曾公私淑桐城之義法而恢之以漢賦之氣體閎肆雄放光燄熊熊遂非桐城宗派所能限張先生擕古至深吳先生復參以當時之世變匡濟之偉略堂奧崇隆覜前人超絕矣兩先生門下賢雋士相通流如通州張謇季直范當世肯堂滄州張以南化臣桐城馬其昶通伯姚永概叔節南宮李剛已剛己冀州趙衡湘驅皆其著者也刑部受知吳先生獨早先生

矜寵異甚復爲通之於張先生以故兼受兩家學於吳先生門尤爲耆宿趙李之徒皆其後輩而君擘精典籍若蠲生命沈潛專到突過時流其文章導源盛漢氾濫周秦諸子唐以後不屑也其規橅藩域一仿曾張吳三公宏偉幾與相埒而矜練生辣意境自成不蹈襲前輩蹊徑獨樹一宗不爲三先生所掩蓋繼吳先生後卓然爲一大家非餘人所能及也自方姚以來訖於君其淵源本末可得而言者具如此而有清一代文章沿革之大概亦略備於是矣君中年後病目未幾遂盲既盲二十年誦講不輟所爲文益多且精集中後二卷之文大抵病目後之所爲也此尤前古所鮮聞者蓋其冥探默索之功勤矣往君教人喜論張吳兩先生之文以爲相去癒近則感發倍切而窺見源流攀緣亦較易以君之言求君之學則君文之行世可不重與世昌辱與君同年相交最篤以

久君既逝世文集未出恐久且譌落乃以貲屬君子葆眞與君門人吳闓生校定稿本而刊行之幷識其緣起如此中華民國二年二月天津徐世昌敘

賀先生文集序

絕大河而北太行左轉極東薄海乃自古燕趙之地至元明建都朔方南面以控制天下近代因之四方冠蓋輻湊並會而至風俗所漸山川旁魄蘊積而發其豪者爲近時之武功而精焉不可磨之英華乃特發之爲文而先生生實當其地自昌黎韓子掓爲古文述往開後統一斯文之體後之作者舉不能外所爲傳衍曲折終歸之先生昔荀卿子揭先王立人之道標禮以傳示後學歷魏晉六朝訖于唐幾且千年斯文之體蓋屢變韓子承其後既掓爲古文之體起八代之衰而其自述爲文之要曰扶樹道教有所明白自韓子至先生又八代且千有餘年矣涵濡醖釀於郊甸之中歷千餘年之久而山川始煥然復發其光華有清二百五六十年天下之文章在桐城吳先生承其鄉先正方姚諸先生之傳益從

會文正公拓而大之基宇崇隆盡龍有今古中外美富落其實而
取其材譬之於時爨歛成熟之候也客遊來北悉以付之先生吳
先生既沒先生最爲海內老師其爲文帖如調矯龍生虎爲牛馬
辨如屈長江大河在堂坳倚如立身九天之上俛視下界穰穰聚
蟲其道一本荀子語若異意則同其體一放韓子皃相萬神唯一
門人冀州趙衡謹序

賀先生文集目錄

武强賀濤松坡著　　天津徐世昌鞠仁編

卷一

卷二

門人嗣城吳圖生男蔣寅
任國宗樹坤錫宗俊貞校

誥封資政大夫署鳳陽府知府泗州直隸州知州裘公墓志銘

公諱寶善字華南河間裘氏曾王父庚王父棠妣氏劉父士爌妣氏孔本生父士熉妣氏郝封贈皆如公官王父以公子官累贈中憲大夫妣皆恭人父資政大夫妣夫人公生而英特有膽略所當爲不避勞怨道光壬辰舉於鄉官安徽是時吏治弛廢盜賊充斥皖俗尤雕悍不易治巨蠹大猾任俠作奸不扇而動其大羣乃至千百爲輩有司避法匿不以聞公曰豪猾不治亂萌也余其敢避初任貴池縣知縣山民扇亂單騎往撫操兵羣譁叱之退明日復往接以温語衆乃大歡振其脅從而寘法其魁姚紹孔者懷遠巨匪也橫行潁鳳壽亳閒欲有爲召號數萬人立致公由貴池調懷遠卒往掩捕立禽以歸合肥奸民屢扞文罔官不敢誰何大吏調

公往治不旬日盡得其渠率人驚爲神公所至必先徵集吏役選
任其豪驕民之勇悍者爲耳目或計招賊黨誘厲之惟我使所任
用捕不力重懲之獲賞亦不貲所捕卽豪橫必親往以身先卽危
不少避以故所欲捕無不獲姦宄聳畏相戒不敢犯薦卓異以直
隸州升用署壽州未幾補泗州咸豐三年粵賊自湖北趨安徽安
慶不守移行省於廬州又不守團練大臣呂文節公巡撫江忠烈
公相踵殉難遠近震駴賊迹所至望風瓦解公既任吏民以捕盜
盡識其才鄙怯勇指授方略誓與死守城賴以完調署鳳陽府泗
復告警巡撫福濟公素重公以爲非公莫任是也復檄還泗公至
設施如初賊知有備乃遁去而州之亂民潛與賊通賊既去乘機
竊發所在蠭起公窮勳力捕卒壹廓清公既以捕盜著稱聲播遐
邇及兵事起疆吏爭欲致公民久苦盜賊公既有以措之安無不

喁喁企望公之來恐其復去其在泗州也廣西巡撫周文忠公馳疏調公赴粵至則文忠已去而大學士賽尚阿公督師故聞公名欲留公而安徽巡撫以皖中事棘復檄公歸及在鳳陽泗州民爭諸大府鳳陽人亦往爭之久不相下及回守泗事乃解福公嘗謂同官曰時事日壞裘君軍旅才可重寄也及再守泗州且特疏薦公而公以太夫人春秋高力請終養乃解官歸以子官封資政大夫娶周氏繼娶王氏先卒皆贈夫人子德容早逝德俊由刑部郎中官御史敢言以道員留江蘇補用賞二品頂戴孫祖誥候選知府祖詒廪生祖誠舉人祖謌副榜祖詔家居二十年同治十二年九月二十二日卒春秋七十有六公子觀察君爲濤姑壻將以光緒九年十月二十日合葬公兩夫人之壙濤爲之銘銘曰

寇亂始作光豐之閒洞庭而東鼙鼓戈鋋初乃烏合遂至燎原孰

戶其咎吏不督奸矯矯袭公力殆大憝作宰江淮羣兕狂猘牙鋸爪鉤攫拏搏噬不一爬梳民乃瘡痏公奮而起往磔其梟絶其鬉芟禽獮薙薅禍亂之積匪一夕朝大慝既去患乃潛消今久太平閭閻按堵禍所伏積或不聞覩譬物有孽烏夭蟲蠱一朝橫發豐其可禦公則往矣誰可與語

上吳先生書

前侍坐時言及先叔父學行許作碑誌以光寵之感激無似濤嘗以謂人苟不至自甘泯滅與衆人伍而有志學可稱則無論遇之豐嗇業之成否無不營營若有求皇皇若有失時乎以憂時乎以喜若此者何哉亟欲見知於人恐其死而已耳叔孫豹所稱三不朽力能自傳者也下此則不能自傳而必有藉於人以傳太史公曰閭巷之人欲砥行立名者非附青雲之士惡能施於後世濤妄

以謂此自明著述之意耳孔子以前仁聖賢人待孔子而彰其後者將待我而顯故曰孔子卒後五百歲小子何敢讓焉今觀其書抱一經以爲儒任氣以爲俠親卑汙以爲賤業苟有所執以成其名無不掇而登之豈獨廣異聞哉彼既翹然負異於衆類皆有過人之才獨至之學惡得聽其昧沒使與庸鄙委瑣之徒同食息死生於天地而不爲之區別也東漢以後碑誌之文興作者代有退之永叔介甫尤喜爲之所與遊處悉著於篇而於負奇抱異蹇塞於時者言之尤痛夫志欲有爲於時不得而困頓以死既死而名又將泯焉誠足悲矣然不遇命也死而不能傳亦命也命之所厄人無如何而仁人君子乃取幽抑之魂悲憤鬱恨而無可告語者爲之激揚而發舒之此固死者所稱快於九原而奇特之士讀之而流涕者也曾子固謂誌銘近史濤謂遷史後史皆修於異代撰

輯爲難當時國史又拘於品位不能濫載銘誌則戚故朋好皆得稱述故義與史近而發幽章微之功則過之國朝史館體例尤嚴非賜謚不立傳非官一品及死事又不得賜謚乾隆之末創立儒林一門碩學經師燦列簡册例稍寬矣而瑰材偉抱不以著述見者終不得幸廁其閒先叔父有志斯世困不得施居恆抑鬱賫志以沒而述造闕如恐遂堙滅先生學行文章海內宗仰叔父於先生爲部民又以文字見知相從最久竊錄善行使人知勸守土之責敘次生平示其子孫故舊之誼先生皆不忍辭至於樂道人善以司馬韓歐之心爲心則又有不待請而樂爲者謹撰事狀登諸記室以備采擇先生於濤家後進口噓手植掖之以進叔父固後進奉以爲歸者也既沒猶蒙寵將不獨長逝者銜感無窮凡推尊叔父而爲先生所甄錄者其孰不且感且奮冀附青雲之士而

籍以顯邪抑又有進者叔父以賑災故眾聲大和磨石紀德今得附大賢之書乃興情所企望不獨貺我賀氏也其孤之感激涕零蓋又不足言矣

送裘叔和入都序

魁閎俶儻非常之材無異行偉節以發其氣則往往旁溢而橫決燕趙之際其俗懁齪而者利仰摭俛掇孜孜耽耽寸布銖金悸魂怵心舉賈人婦女臧獲之業攝而身兼凡人生所有事苟損吾有痛絕之蓄深藏牢終其身以至其子孫不忍發能此者咸美所爲謂之儉勤謂之老成其聰明才俊之士屏棄經史百氏一不稽諷夷而角牙頓而鍔鋩筋膠準鉤軽縮鍥雕從事應科目文字以求合公卿翰林司當世文柄號稱宗匠者所謂程度能者謂之才爲而數焉謂之學挾所學責報有司謂之志士裘君叔和固所謂魁

閎俶儻非常之才者也志雄氣盛抑而遏之紊然奔命曹好之所在若有物焉障其閑終古不能合併茫無所向乃頽然自放於聲色酒食酣嬉劇歡恣意所欲爲而向之儉勤老成有才志學之士相與排擯而非笑之其戚者則强聒以己所謂長既激於不能返乃益決情潰欲若縱不繫之舟於巨壑旋轉飄蕩而不知所止也嗚呼吾所以惜叔和而益之以悲也叔和之父仕京朝二十年所交多鉅人長德其勳光文曜足以矜表後輩叔和誠棄其故而從之游將如離湫隘而居閎闔去傳舍而返其鄉也其處而安之雖有力而强莫能易一物而奪其所好又何聲色酒食之足汩其志哉雖然叔和既生齵於時今又取詫聞而駴睹者挾以歸是稅載甗之車馬而奏樂鶢之鐘鼓也里之排擯而非笑之者不乃兹甚邪其然吾不復能爲叔和解矣

答高搗九太守書 代

讀懸書知勳績懋著志操堅定破庸陋之見行吾心之妄甚盛甚盛閱邸鈔知調治首郡益加欣躍某嘗以謂今之在勢者中人多耳蠶邪悖酷百無一二而政俗習尚乃至穨廢敗壞莫可枝拄者何哉崇攀而熱附類引而黨招殫貲財降意惰孜孜遑遑以奔而上官好而僚友較俗產揣肥瘠衡出納巨取而瑣求以厚而奉而殖而泓民環而跂事叢以待責萬萬無可辭者乃簡舊牘躡前迹聽顛倒措處於胥役而吏無餘力及之因循偷怠相師成風凡在位者皆然而道府尤甚臨以督撫藩臬三四級之上官承以牧令丞倅數十輩之屬吏孑然孤懸於上下之間有大事不能徑達於天子上官邈隔遏閉則卷舌縮手而失所向親民之事責之屬吏唯司督察而黜升旌罰枋不我操又嚮者所取給焉故一聽其誣

蒙欺蔽熟視而不敢詰何塊居介處尊文書傳語言而已吾不僻
天既不厭生此豈不相所宜處而必蹈之顯崇又惜國家以覲鬻
之財重要之寄乃慘此暗耗罷茶不治事之官而小民出租稅逃
徵約急上事而不自惜及有所苦而仰籲於上乃無人摩撫而亭
決之則又其可悲者與今執事步高曠遠於衆無措手之處獨能
左提右挈卷舒在心志量豈不偉哉朝廷方銳意興治懷抱奇異
者越格以升中外大臣亦能矯厲薄俗以勤廉為天下倡執事生
平志學適與時會胸中所有可傾倒而出此真儒生得意之事翹
首南望稱快者再復何可言既蒙垂詢不敢輒已厲之以猛處之
以平變之以驟貞之以恆不矯枉而過中亦無積久而生怠所効
忠於左右者如是而已某庸鈍自守無補於時方慙悚之不暇今
乃舉新政以告知不見擯於君子矣用敢抒其夙憤且達欣慕之

意因勉竭謭陋爲芻蕘之獻伏惟采納

重修故城馬公祠記 代

生不出里閈無鞠育人之權而頓顚於我乎起傲悍於我乎折蹈德游藝我掖我匡邇昵遐跂父仰師戴没人不忍其死則相與尸祝之不敢忘若其游仕四方聲烈横被而廟食於鄉者有司以故事行鄉之人或未嘗濡沫偈陰蹈習轍迹則敦銂簋俎之側祼薦鞠跽之頃精神意氣莫强而屬馬公仕明爲左都御史伉厲忤奄宦後坐事死於獄迹厥始卒固無衣被於其鄉矣人乃違睎慕思作屋而垣以棲其神古之魁材畯桀其守之身而措之世與夫文章述造騰播於人人之口而厭乎其心歷百世而名益白者相接也而俎豆之報乃獨在剖誠觸爇死而不得其所之人剛直鬱堙之氣滀忿於人之心彌久而彌不能釋故人之致崇之雖曠時異

代猶若親薰其德而濯其風也不然公之不撓於奄宦因事坐死自成其節耳於鄉人何與而鄉人乃獨嘉其志悲其不終祠而屍之忠義之列者何哉舊祠在縣城之南齧於河康熙某年移而北重修於乾隆某年近又百年矣榱桷階陛垣圮樹禿余過而傷之與教諭范君某議加修葺出私錢爲縣人倡適浙江張君某爲縣於此善是舉也亦以貲助既訖功刻石記之章公偉節與始建祠者之意俾後進知所崇尚踵今之爲無隕神依以事以格胳乎其相翕淳乎其交發其陰召默毆繇是而偕逝於道將猶歆燋以眡壘坼而爲拾發矢者釋其獲也公諱中錫

楊剛介公家傳

公諱昌泗字廉泉湖南乾州人由武生自效於乾州營補把總隻禽叛猺上其功稍遷至參將賞戴花翎驍勇巴圖魯名號歷官湖

南廣東貴州疆吏才公爲爭薦於朝擢直隸大沽協副將甘肅西寧鎮總兵旋調廣東高州鎮咸豐二年粵賊渡洞庭而東奪沿江郡縣直趨金陵踞爲僞都益縱犇酋北犯時公以事褫職在籍詔起公赴山東防河而湖廣總督張公亮基雅知公欲倚公威重以固楚疆馳疏留公剿游匪於黃州薙刈之幾盡搤田家鎮之賊擠之江賊由漢口趨武昌閉其道賊不得逞卻退磯窩者直武漢下游賊控以爲險與漢陽爲聲援蹋其巢壘之江濱殲焉轉而西挫東竄之賊於塘角及鮎魚套荆州將軍官文公以監利兵薄檄公南循江而東蹂螺山翦蒲圻北撲嘉魚遂薄漢陽軍銳甚是時曾文正公督率諸軍自螺山下三路進兵以圖武漢賊分扼要險悉精悍以守枕江爲湖營壘星列檣旌雲布公由蝦蟇磯突入七城火其壁大軍水陸並進拔柵燬舟與相應和戰方殷公率敢死士

由南門梯緪入復漢陽武昌亦經大軍同時克復公之威名遂大震丞勝東討大戰蘄水逆衆潰奔南擣蘄州益進而東廣濟黃梅相繼收復公始以功復職旣又破劾再奪官再復之至是授陝西延綏鎮總兵武漢旣復賊失勢剗削爬搔稍復諸郡縣蕩滌有日矣無幾何總督楊公霈失利於廣濟羣凶益復西上武昌漢陽再陷大江南北糜沸魚爛公痛世變之靡屆而當事者非其人憂傷憤恨思有以矯厲之而巡撫胡文忠公方徵調諸路軍屯駐上游以固荆襄而謀進取公則大喜益自振拔親睦諸將訓儆士卒日夜冀大功之成時游匪四出分擾旁郡縣公往來突馳所當者靡事稍定復從大軍圍漢陽奪門先入大軍攻武昌者戰益亟遂再復兩城時咸豐六年三月也捷聞加提督銜湖北旣定乃之任陝西八年詔赴河南剿辦捻匪行抵開封疾亟遂卒於軍天子震悼

貽卹如例予諡剛介曾祖正舉祖能通父光重皆贈如公官曾祖妣氏某祖妣氏黃妣氏姚皆贈夫人娶田氏封夫人子勝棠武生衡州協把總勝業乾州協把總皆歿於軍勝傑孫秀觀二品蔭生候補同知秀寶工部主事論曰楚軍初興蹎蹶者數矣自湖北定而破九江拔安慶節次進攻無反顧憂遂克金陵王誅以成其機至順形勢便也公之戰烈偉矣余旣備書之於再復漢陽尤詳具尊之本末著大功所由成區區戰勝閒豈知言者哉

湯母方太孺人六十壽序代

女子之德風詩哢歌之春秋傳及百氏之爲書者亦閒及焉然頗病其略無以迹其始終劉子政作列女傳綴輯遺聞都爲一書詳以備矣後世史家乃或仿其例以登於史而士之名能文章者益復捃討善行旁及閨門於是女子之賢者乃與夫碩公魁儒閎俊

之士同傳於世元明以來有所謂壽序者人子欲壽其親則徵文於戚故朋好以為親榮桐城方氏姚氏及曾文正公皆譏其非古而輒復效其體豈非發潛闡幽所裨於法勸者大平鄧川湯君符階以知縣官湖北與某交最久數稱舉其母方太孺人之賢曰吾外王父及王父皆以縣令官淛吾母從而侍焉後隨吾父為縣於鍾祥孝感今炳篮又迎養於官執儉躬劬斥疏靡華自侍外王父以迄今日數十年如一日也又曰吾父之在官也吾母始固未從回逆之亂挈家人閒道走蜀以之楚遭賊者再遘癘者再三年而後達於官所吾母未嘗蹙而戚焉後某主講蓮池書院符階復以書抵某曰吾母之懿行既嘗述諸子矣甲申之歲吾母壽登六十將以某月日舉觴於室子其為侑觴之辭以慰吾親吾觀諸家所稱女子之行其道有四女道也婦道也妻道也母道也太孺人既

盡道以事其父與舅又舉所聞於父與舅者以相夫終且以相夫者教子其於四者可謂兼之矣至若席榮不居蹈艱若夷歷之久而不更於始自修道之君子以爲難而太孺人顧能之非所謂始乎故長乎性者乎晚周諸子之書言養生盡年之術備矣而大恉不外全其天太孺人以道終始視有若亡遲而不惛與古所謂養生者合由是而降釐錫祜雖馴而至乎期頤以致無疆之庥亦所蹈之道則然耳爲善獲報之說且不敢稱頌於前況世俗祝嘏之辭哉然太孺人之壽固無俟某之祝而某所幾冀於符階者則不敢不竭其愚符階以儒生爲循吏弟建侯書田並以文學吏治知名於時湯氏日以光顯矣願益以太孺人之教持其終仰而追先人勞烈異日政成治洽舉士民頌神明者奉以爲太孺人壽俾太孺人顧而樂之益以頤養天年符階兄弟之慰其親則有在矣尤

某所私禱而期者也

叔父鐵君先生事略

先生諱錫珊姓賀氏先世自山西洪洞遷直隸之武强縣曾祖諱仁聲舉人祖諱雲舉進士江蘇鎮洋縣知縣妣氏李考諱式周副榜四川瀘州州判前妣氏常妣氏楊先生生有異稟舉作不輕同於人喜讀書通其大指曰學以經世也吾取其有益於世者而已於世儒所謂義理考據詞章之學一不屑意大師博材質以所業輒窮於對至論古今世運興壞之由賢不肖之別抉幽覷微剽剝剖攻雜以恢詭偏宕之詞雲幻波激莫測所來雖善辨者莫能窮也所爲文閎辨奇肆不中有司度程以諸生應鄉試連不得志乃益厭薄舉業并力於所謂經世之學自歷朝史記司馬氏以下編年之書杜馬所志典章以及國朝鉅蹟盛典皆廣涉博綜而洞其

要尤喜近世輿地之說及泰西所繪海國諸圖指次其山川關隘
都會與夫輪帆出沒經行之處若歷庭闥而數階級不待參度性
剛直不諧於俗既不得志愈抑鬱不能平並世人少當意者嘗顯
刺人過於稠人廣坐之中其人羞赧汗喘猶痛繩之不已於公卿
貴人詆之尤甚以爲若輩豢養富貴而令時埶敗壞至此咎將安
歸已乃令所負於眾眾駭怪莫敢置對則又發怒罵之曰君輩庸
下非辟此者吾父嘗戒之以爲非處世之道先生語人曰吾兄之
言是也然吾性實然吾制之而不能克也與深澤王小泉先生以
志學相高其韞深蓄富思以推致於天下也同世既我遺不貶節
以自鬻於世亦同小泉先生習程朱之說動作必依於儒先生則
傲岸自喜不甚以嚴謹自矜飾由是齟齬先生氣盛必欲鏡之以
辭既而悔之曰其歸一也特所由之徑異耳嘵嘵何爲桐城吳摯

甫先生爲州於深奇先生文引爲上客與商榷古今恨相知之晚
先生亦曰吳公知我吾不孤矣先生旣抱異材偉略無所藉以澤
斯世苟可爲於鄉里者無不爲以謂吾期於濟人而已遠近大小
一也同治初土匪滋事先生略仿戚氏練兵之法編鄉落以守境
賴以安光緒三年歲大饑官給錢買穀以振先生自販糴於數百
里外自冬徂夏往返者數矣舟車飲食費取諸私不糜官一錢廣
立章約纖曲悉當鄰境咸取以爲法經營奔走無閒寒暑晝夜儳
心疲力至輟餐寢長老嘆嗟曰自吾所聞見百年來未嘗有也未
幾大疫人多死先生慨然復思有以拯之而先生亦竟染疫以卒
時光緒四年六月十二日也春秋四十有二以是年十二月某日
葬會葬者千餘人爭輓柩車道路闐塞至不得行吳王兩先生聞
先生之卒皆慟未嘗不爲天下惜也配深澤王氏福建延建邵道

贈光祿卿諱肇謙女先卒子淞廩生繼配袁强王氏河南泌陽縣知縣諱堪女子湘幼女二孫男女各一　兒子濤謹狀

交河李君墓表

大司徒以六行教民鄉大夫受教灋而頒之自州長以至閭胥各以受於鄉大夫者教所治而當時之民之以孝弟稱者反不若衰世之可紀何哉司徒之灋民既月受而日習之其薰濡而浸漬以是爲日用之質非若創見之行詑異而歎奇之也周道衰司徒之灋廢孔子取其說以著於經其時卿大夫及門弟子之以孝聞者則亟稱之以暴其異於衆於是生自具而不待索賴於外者遂爲至高難能之行而不敢幾之人人漢以孝弟制科其法既美矣而儒者或飾所聞以應之故太史公爲萬石君傳美其仍世孝謹以爲齊魯諸儒莫能及夫萬石君父子貴寵文學勳烈録録無可紀

史家乃取其家庭瑣瑣之事津津道之豈非以教壞倫斁飭壽行於質闇之中不自炫以獵名者少與交河李君讀元術字衡之父卒時弟妹皆幼兄亦遺一子以沒家故貧母撫之而憂如此寡且弱者何所賴而芘以生也君以爲大慼日思所以慰母者紬身及妻子所奉致豐其母又推母意加禮於嫂與弟妹以及兄之子其事自芸植畜飼以至縫績飪爨其物自布麻米鹽以至囊篋盆盎君與妻雜職之而督其弟與兄子於塾壹不使有所閒以奪其志由是家遂饒弟妹長嫁皆適母願兄子有聲庠序閒母則大慰曰吾死不恨矣曾祖某祖某父某娶某氏子汝棠孫懋嘉懋簡附生懋勤卒於同治六年二月二十八日春秋七十有四以某年月日葬於某嗚乎君之才蓋可有爲於時以親故棄而弗求勤勤懇懇獨盡心力於聽睹不及之地以故人莫之稱匪獨不見稱於人雖

其親亦若安而忘焉夫事親而使其親安而忘也則所以事親者可知矣而人之論孝者乃棄而莫之及則人所謂孝亦可知矣人惟不知所謂孝是以眞能孝者少而其能者亦澌泯而無稱也故予於李君之懿行不備述獨取其孝而推論之蓋欲使闇淡之行無以譁眾而取榮者得顯於世而傳於後也

大名書院增膏火記

自田不井授而士貧上之人猶欲取室家多累之身聚之庠序與之從容論學自非聰明敦厚之士之性乎此者則尟克我從故禮言學制詳矣而游於學者未聞仰食於官其養士之需漢以後乃有之亦勢之不得不然者與然自京師以至郡縣皆有學其隸名於學者數且十百於官吏欲於吏祿之外別籌所以養之恐竭天下之力猶不能給所須而徧酬之也宋世士大夫植養學徒創爲

書院其後增置愈多贍學之田豐於郡縣學所以濟學校之窮法至善也今學使取充郡縣學者積至數百人廩於學官不及十一其餘無以給也籍於學既不足自存材俊進取之士乃相與講肄於書院以卒其業於是書院遂爲造士之所而爲國取才者乃不得不厝意於斯而思有以長育之矣大名書院府所建也治於府者皆與試焉同治某年觀察祝公親校諸生於院別儲資以餉之於是執業其中并州縣所課月試於書院者三優裕夷愉志不遷奪光緒十年錢塘許公復分奉畀之以贍與試於道者諸生既感且奮屬濤爲刻石之文用志不忘濤爲公屬吏與聞公爲政之大者樂爲諸生道之有地數百里爲郡三爲州若縣二十有六其樂苦利病在所興革者無不問自府以下仰而承流者百餘人其人之賢不肖無不察公之來以秋其去以冬視事數月耳噫舉弛張

人獲所懷其敏而有功如此公顧不自喜方且召閭里之秀佔畢之儒談衣食茲誦之資較文藝之短長以教以養綣綣乎其未有倦焉豈非以士君子標式其鄉士習端則民俗一民俗一則德教易以施而爲政之要無踰此者乎諸生能仰體公意取所聞教於公者飭而躬訓而徒友漸革澆陋進之純美以廣公之化是則諸生之所以答公而公所責效於諸生者也

書柳子宋清傳後

子長得罪知交莫救游俠傳慨乎言之子厚傳宋清意與子長同子長之意隘矣子厚又從而甚焉於清之得遠利數數言之其意謂曰有援我者吾之報之也豈後於德清者之報清此傳之意也不然清之遇人足以傳矣數言其得遠利則賈人之尤巧者也何足道哉古之君子其進也難其退也易雖獲譴以去而充然有以

自得也吾讀子厚與許蕭諸書蓋不能無慼焉夫子長之詞激子幼之詞放其於君子自得之趣已邈乎其不相及矣然彼二子者謫非其罪特假偏鷙激宕之辭笑訕怒詈而攄其憤耳子厚既自反之不縮而又倖人之憐而收之也故其志幽抑其音哀促其氣亦遂萎然不能舉其辭抑猶在二子之後與雖然子厚以命世之才銳於見功致蹈大戾其冀得復用蓋欲直前過而竟吾才之所能耳夫以斥逐廢滯無人省錄之身抱壹鬱紆軫無聊之志而施政於遐辟瘴癘之地其所錯置已足表暴於當世使得復枋用其效功天下豈可量邪又烏得與奔勢竊榮茍徼貴富者等觀而類視之邪然卒絀於讒毀不得少伸雖生平故舊所嘗致書而希其扳接如蕭俛許孟容李建諸人者亦終不肯為言此退之所謂材不為世用道不行於時也嗚呼豪逸之士之不容於世也久矣屢

讇痠嫉之徒席恆蹈順幸免於戾者方且日伺吾之隙而以其所操尺墨繩之一不自檢攝而身敗名裂終不復振者不可勝數也子厚之斥也惜之者退之而已李陵之敗惜之者子長而已吾著而論之使操用人之柄者苟遇英特非常之士當懲其躁妄而委曲以全之無沮遏其志而敗壞其才而士之自持其身者尤當致謹於出處進退之際世無退之子長則子厚乃竄斥之罪人而李陵乃一降虜耳雖有文學勳烈誰復稱道之哉孟堅爲李陵傳既修隤戰狀以表其功於其致敗及所以降而不反者言之絕痛而陵之本志復於蘇武傳言之可謂得子長之意矣陳湯奇材偉功以過犯屢躓大譴間以疾毀卒致廢死孟堅既直書其功罪而備載劉向谷永耿育訟湯之疏以致其痛惜之意嗚呼此班氏所以爲良史與

讀墨子

春秋時管子晏子老子之屬皆有書傳曰臧文仲既沒其言立而藝文志不載其書則有書而不傳者亦多矣孔子於此數子蓋嘗論其爲人而其書則未嘗辯也既定六經以明道矣羣言之是非猶待辯而後明邪孔子之後楊墨竝稱然楊子書不傳諸子之道之者亦鮮其不足駭世愚衆也明矣墨子旣以書自見於世而傳其學者亦獨多其見於墨子書者有禽滑釐公孟子耕柱巫馬子管黔傲高石子公尙過之屬莊子書有苦獲已齒鄧陵子之屬孟子有夷之呂氏春秋有田鳩孟勝腹䵍高何縣子石又有孟勝之弟子徐弱禽滑釐之弟子索盧參許犯許犯之弟子田繫韓子有相里相夫其朋徒不可謂不盛然當其時顯功天下爲人所嘆奇而收名後世者縱橫名法之流若墨子者自太史公不能指爲何

時人則其擯棄於時也久矣莊子謂其道太觳反天下之心天下不堪司馬談以爲儉而難遵戾乎人以爲道取信於人也難特其徒相與誦習之耳而孟子乃謂亂天下者楊墨也攻剖之不遺餘力然自孟子之後百家多稱舉墨氏而尊其術以配儒者其徒之述其師學以爲書如我子隨巢子胡非子之屬漢人且具錄之而躋之六家之內是孟子未辯之前墨子固不能以其術愚天下而既辯之後亦未能遏其流而息其談也吾嘗以謂百家之說惟名法利於用而效速世主每甘心焉雖禍其國而不悔老子言清淨入便其簡也而習之者多君子所必辯焉其他之以道術鳴者雖淺深不同皆非人情所樂或怪迂譎變不可考究未聞有取其術而施之國家者聽其自爲衰王勿與知焉可也何必取無所損益於世之說攘臂其閒齗齗焉與之角哉孟子與莊子同時莊子傳

老子之學者也其時齊之稷下先生田駢接子環淵慎到之倫亦莫不本老子之意以立言漢時去古未遠先王禮教追討而復之非難也而當時賢君哲士或絀儒術崇黃老以清淨治民而禮教遂終不可復魏晉人乃至竊其迹以亂天下其禍吾道也烈於墨矣孟子既貶抑楊墨以衛吾道而當時繳繞慘礉之徒以及處士之恣其議者無不斥而揮之而於老子莊子則未嘗辯之者何哉

送張京卿使外國序

與中國反晝夜異寒暑縣隔大海之外而能長其眾國其土者環海皆有之而西北諸國最大且彊國家招懷撫內無間海內外東纚而纂接其術業器物踔海而至者踵相接其使臣置邸闕下海疆萬餘里皆得築廛次以居商賈於是通好求市者數十國國家輒遣使報之更往互來日衍月增尨雜紛繳縣不可刮櫛義轟力

創相時進退不能以常埶拘而近世士大夫好持高議扳援古昔
指抉是非將相大臣爲國任事者與士大夫之議判如水火之不
相謀光緒十一年六月巡大順廣道張公奉命以三品卿使米利
堅祕魯日斯巴尼亞三國將行謂其屬大名縣教諭賀濤曰今茲
之行期濟於事而已清議吾畏之然不敢瞻徇以誤國於子云何
其贈我以言濤旣以文辭辱公之知日思有以效於公旣承命退
而思曰至哉言乎天下之變莫究所終今所聞見生民所未有也
海西諸彊大國以舟輿之力洞達遐阻凡土著而島居者無小大
皆通之埶鈞而利啗者有矣愲以威而責其貢者有矣或好始而
釁終或昵此而仇彼振患釋紛而陰遂我所圖助人攻戰而實藉
資要利衆所爭在彼而禍集於我我謀已久而人或我先情僞錯
出事埶儵變舉手厝足動有牽觸善爲國者綜衆國以參其埶違

臨高矚擢摘幽隱而窮極其變幻批郤抵瑕握乎其機然後剛柔疾徐隨所施而無不當今之議者乃欲齦己守故執舊聞以揆量天下惡足禦無窮之變哉公嘗以太常寺卿總理各國事務於馭夷之道已洞徹其機又能不瞻徇俗議顧惜一時之名兢兢焉期於國事有濟公往矣遠人之安海氛之靖當於公之行卜之公以文章博麗稱天下使事畢當記其山川物產謠俗政制與所以御變之道以歸濤受其書而讀之潛討當世之務拓其志識因以益治其文辭稱頌公之功德則濤所效於公者有在矣

賀母齊太孺人九十三壽序代

曾文正公論君子之澤有三曰詩書曰禮讓曰稼穡近世士大夫家能兼者鮮矣武強賀氏庶其近之吾家與賀氏世通姻好其人皆恂恂有規矩某慕而好之而與緒臣交最篤緒臣與余年輩均

爲人溫厚坦夷才高而能斂志大而不夸某特敬異之以爲能守
其祖父之業而光大其門者也緒臣之祖荔生先生治家嚴肅其
配齊太孺人以溫婉劑之自門以內熙熙然秩秩然先生既沒子
孫承太孺人之訓仰紹先志以耕以誦入且弗怠殆所謂君子之
澤者與太孺人有子五人今獨其季存年已幾六十女及諸婦亦
皆六十七十孫曾男女二十餘人其長者亦四十餘矣晨夕視膳
寢各率其子女以入更進環侍室不能容則退而立於庭階皆滿
而太孺人精神強固耳目口體無老人之苦其視子婦孫曾之侍
前猶嬰穉之在左右也所以拊顧而訓戒之者猶昔人皆嘆爲門
庭之祥雖其家亦未嘗不以此夸於人也光緒十一年太孺人九
十三歲而緒臣舉順天鄉試族黨戚好之賀緒臣者因以爲太孺
人壽將以某月日稱觴於堂緒臣以書來致其季父之命以祝壽

之文屬某某竊觀當世士大夫家奔命於仕宦之場徼圖利祿取爲親榮然不數十年而見其先後之異者多矣賀氏飭身以訓典取食於田畝其出而仕者歷久而不忝於舊蓋自高曾以來百餘年未嘗改也緒臣家較諸賀爲最貧而太孺人躬執勤劬貶損衣食男婦長幼各執所業其勉承先人之澤者亦獨勤且苦然則太孺人之膺受多祉享期頤之壽得賢子孫之報者於是乎在而君子之澤之可大可久不益有徵而可信哉某以薄宦羈於數千里外緒臣之巾屨笑語不際於耳目久矣於其舉於鄉而知其業之加進於太孺人之壽而知其家之和樂吉祥有逾曩昔爲述其世德以爲之祝以見今日之慶之有自來也

沈越生傳

沈君越生諱頌元浙之仁和人舉博學鴻詞山東按察使諱廷芳

世稱椒園先生者君高祖也曾祖世偉翰林院庶吉士祖景眺父敦治舉人廣西昭平縣知縣兄弟四人君次居第三伯以典史官陝西仲從昭平君於粤君幼育母家稍長衣食四方所至必奉母以行義不忍一日離其親昭平君卒於官以寇亂未得返葬君痛父骨之未歸也輒欲躬往求之以母老病止母沒遂悲啼就道時仲死已久君不知父骨所在至桂林舍於城外逆旅日出訪之灣而躓於途傷股途人舁還逆旅君故病咯血以母喪哀毀益尫羸獨身走數千里水陸頓撼衝抵寒熱憂病並侵已積憊不可支而新創益復痛委頓牀席廢眠食者累日昏瞀中忽自省曰所爲來求父骨也即死奈何而煢煢羇旅又無一日之好以託自衛至桂所戚與人者未歸泣命之求數日不得計無所出疾益亟瀕於死矣浙人之游於粤者憫君所爲移之館給其所須而代訪其父葬

處得之桂林郭外并得仲妻柩於昭平家側竟扶兩柩以歸至家而後能杖而行仲既沒季亦客游以死伯病羸終歲臥牀蓐君奉家人尋之久而彌謹未幾亦卒而仲與季又皆無子君憂痛之終身君初以鹽大使候補天津棄去客游燕趙閒病死於灤年四十九所主厚斂之而送其喪歸幼聘張氏女以寇亂未知存亡別娶於范而張氏來問昏期以別娶辭張女誓不他適復迎以歸無子以伯子某兼祧君喜讀性理書於姚江王氏體之尤深旁及百氏雜家靡不究討嘗慨然有用世之志苦無資地以自見於世往往發爲詩歌以鳴其鬱既乃屏棄少壯所學獨耆老子之說窮探力索若有味乎其中者夫老子莊子之屬當濁亂之世憤己才之不見用而嫉世人拳梏於事物而不知反也乃故爲是浩茫不可控摶之詞以自適所謂有託而逃者也君讀儒者之書既習其說而

服行之矣而猶有耆於彼者毋亦憤惐於斯世遁而之沌悶之域離物而立於獨邪抑世不我知得爲者倫紀而已既畢心力於父母兄弟生死之際遂冥心於彼所謂清淨者優柔儼漁以終其天年邪然卒奔走於衣食至於窮困以死天之於賢人君子既摧挫其心志使不獲少伸及其窮無復之則擇一涂以自放其意亦閼遏之使不得遂嗚呼自古而有之矣其所以然者蓋非人所能知也

開州重修披雲樓記代

衞居冀豫兖三州之中抱河控濟以形勢雄四方歷周秦漢迄北宋恆扼此以制敵故其民好氣任俠自古著稱自河徙而南形勢既改風習亦殊其地爲今大名府屬之開州士故沃饒民敦愿力作不怠俗以富康然其地曠衍形錯於山東河南諸郡縣賓客商

賈四達而至事厖人雜盜賊因以出入而訟獄滋益多官斯土者苟非廉敏通達之材往往不能舉其事桐城孫君碧軒治開三年拊摩抉剔不威以嚴盜息獄簡者稱詠歌其居之後舊有樓名披雲廢不修久矣君理而新之以其暇日與賓客宴游於此蓋將與斯民同其樂焉某閒從君游而登所謂披雲樓者據軨遠矚求大河之故瀆考歷代戰爭之迹而觀閭井民物之衆廣而殷阜也因俯仰上下思風俗之所以異於古而籌為政之所宜嘗低徊嘆息而不能去嗚呼山川形勢之變猶能奪人之故習而潛移之況於仁政之所被有以漸靡其耳目灑練其心志而顯然予以可遵而守者哉觀君治民與民所以從君而知為政之易也州人士既安君之政而喜與君游也請為記遂書之以答其請至於樓之廢興與修之之始末君自有記茲不復詳云

李起韓先生七十八壽序

同治七八年從兄允吉先生率其子及猶子讀書郡城之南濤與戚舊族黨往從游者十餘人從兄之姊夫李起韓先生以別業舍之而其子與焉先生性和易無少長戚疏一接以溫語惟恐不竭其歡主其家踰年蓋無隔三日而不見且日昏諸生輟業以息或卧或步或聚而語聞履聲自外來則先生啟扉入矣至則與吾兄說往事以爲笑樂或較諸生文藝諸生敬而愛之凡師吾兄者無不質所業於先生先生之子壽坡長我且八歲先生則弟畜我我乃師事之而友其子時桐城吳公知深州方招致文學之士聚之書院而作養之嚴其課而厚其餼其經營厝置悉屬先生州人康蕪田李箸元兩先生佐之而獻高先生阜民爲之主講諸先生皆耆年碩德繄一方之望校試之日環坐於堂觀者嘆嗟稱慕故其

時吾郡人才勃興號爲一時之盛其後濤假館四方既而游京師
不至書院者十餘年而吳公以憂去康先生官於五千里外李高
皆宦游以沒吾兄初客京師既而歸今亦卒七八年矣獨先生簡
靜冲夷屏利卻榮棄其所官之國子監助教里居不出游神於漠
頤性以和而吾姊閑婉而淑孋無煩言無遽容與先生性行如宮
羽之諧門內不聞高語疾步家人熙熙童僕訢訢固宜其席祜蹈
祥月衍歲綿而未有艾也光緒十二年濤以大名教諭應禮部試
遇壽坡於京師詢其父母起居且問書院之廢興壽坡具道其父
七十八歲母七十七歲綏愉康固神明弗衰書院則先生以老辭
其事踵其後者一躡先生故迹勿失今猶昔也歎慰者久之於是
吾鄉之試禮部來京師者以某月日爲先生初度議合姻故朋好
以壽先生而竝及吾姊屬濤爲祝嘏之文將歸而獻之濤惟先生

之盛德善氣既蒸爲門內之祥而吾鄉後起之秀肩比鱗萃多取
科甲以去亦皆濯先生之風而嗣其陰也夫以一人之善施之一
家而推之一鄉一郡使薰其德者皆相砥以幾於汲其意量豈可
限哉鄉人之相與壽之也固宜濤以職事相羈未獲躬與斯盛異
日得間當挾所業就正先生因拜吾姊於室祝其彊飲彊食而頌
以難老遂徵召同人至曩昔所假之別業撫今感昔行觴賦詩歌
詠先生之德以爲樂請先以斯文質之

送勞厚庵先生序

濤少不聰敏不通曉世事而嗜尚與人殊衆注聽而眈視不以際
耳目反讎之衆棄如脫莫之知違又趨而鶩之齮齕蹠盭勦讒憎
疾長益習爲於世無用之文志愈高而道愈狹兀行孑處四顧而
無所歸聞京師多博才通學乃考取國子監學正居京師冀薰濡

於師友以自廣大而所謂博才通學又聞其多在公卿貴人位卑
力埶不足以振接人之無所遇乃改就州縣學官蓋將逍遙濟累
甘寂寞終身以竟其學而無幾於人之我知也及來大名而桐鄉
勞厚庵先生以同知筦河務適在郡先生與吾舅交好數見其筆
札而竊好其文辭積思二十年而獲見於此與語輒避之質以所
業而不吾斥也自是每有述造輒就權是非先生亦降其齒德與
交未二年而通永道缺先生至通欲挽而留之不得也夫以畏畏
無比佽之行治舉世莫爲之學退處辟左之地遇平生服膺積二
十年而不獲一見旣見而遂好我之人而忽然舍我而他適則其
皇皇懇懇冀其堅我之志宏我之見以慰後此獨學無朋之苦也
何如哉先生邃於禮於國朝徐氏秦氏所纂禮書治之尤勤以謂
役驅萬物裁劑事變釋此而莫由其於文章則如木水之有本原

如商販之居次敘而築堂室者鞏其基也每相見必以相語殷殷然若有厚望於濤授盲者以兵蒙瞽者以甲使之疾趨函關而督之奏功其不能勝亦明矣雖然濤之志此有年矣自今以往擇其可入者治之朵博蓄富無漫羨而不貫肌折縷治無鉤釽以碎道其冒昧不明壅閼不通欲施其力而莫由者則仍以啟盲走瞽之權屬之先生先生勿以弃我而去而舍而不顧則幸矣

廣西布政使范公家傳

公諱粱字昴生又字楣孫姓范氏錢塘人曾祖文緯優生高宗南巡召試二等妣沈祖封舉人妣邵父爲金附生妣徐三世皆以公貴封贈如公官公家貧好學自爲諸生名已噪自舉道光乙未鄉試庚子成進士以知縣官直隸補威縣俗嗜博公禁之嚴出則進鄉民而問之婦嫗環告曰鄉者夜績得布縷者夫若子持入市則

徒手歸家望哺不能得令無是矣鄉多盜竊劫恣行公躬巡徼出
輒以夜嘗一夕冒風雪馳七八十里奸宄怖懾戢不擾所治尤善
聽斷抉覆發隱姦黠披露有服鹽汁死者尸腐以搥死告公入室
得盆具以物探其喉而親嘗之鹹使其家人嘗之不肯觀者大譁
乃強舐之獄遂定調雄縣升大興縣擢北路同知丁父憂京尹言
於朝留莞順天糧臺軍食不缺上其功以知府記名服除留直隸
候補公既以廉察著聲至則令鞫獄訟侏張隱曲繳繞而不可端
倪者壹屬之決大獄數十有誤殺者勘牘當以故公與郡守詣總
督守視總督爰書將言其狀總督怒抵書於地曰是於法當死可
歘法出之邪守色沮不敢置對公曰是某所讞也違覆者久之卒
白其冤時總督譚公持法嚴僚佐憚之公名由此益著大吏皆倚
重公攝順德保定授永平復調保定臺司有大政令必諮而後行

公益自矯厲當官直行不屈所守總督劉公屯兵於郊帳下卒掠民物民愬之公公夜詣軍門以請劉公猶豫未及答公曰某實親見微民言固將白之劉公乃誅掠民者而反其物命巡通永道而捻匪擾河南山東迫畿甸又命以大順廣道防河時僧忠親王戰沒曹州援師未集公以千百新集之師當賊衝悉力固拒以待大軍適有謀代公者謂公書生不知兵語聞朝廷知公堪軍旅命勿易公內不自安遂乞解兵柄賊既渡河內犯諸軍旁午而至土寇四出攻剽兵與寇不可辨識民數驚公編民於兵選驍厲銳約明令堅不急與角靜鎮崗防處以無事寇不敢犯而兵之過竟者亦咸守約束無擾遷山東鹽運使升山西按察使未至改直隸直隸獄訟倍他省委積叢雜紛不可理按察使受其成而已公壹親鞫治之在職九年不少懈公性精勤在官不言勞事無洪瑣劇易必

躬閱而目營之不自入手官益高則自厲愈甚故所至官治無遺
蠲而於治獄尤兢兢論者以爲近世刑官皆不能及再署布政使
升廣西布政使叛將李揚才擾越南提督馮公出關征之時庫無特
餘而關外險遠饋餫且不繼先是軍屢興用不足則減士卒之餉
公曰是苟道也財用固吾責耳蚤夜綜畫條區彙覈汰冗縮盈出
入無罅漏軍儲以充卒餉之如制士卒踴躍效命大憝克殲光緒
七年有旨內召遂乞疾歸九年十一月卒於家年七十有六公廉
於財而賙人之急如恐不及治威縣也賦入歲數萬錢徵而銀齎
銀貴則以私錢益之邑人數請增其徵之數不許負累數萬未嘗
加民一錢吏有旣歸而負官帑者將究之公適主其事曰廉吏也
走告其鄉人之官直隸者不應則括已貲輸之官旣免卒不使其
人知之也生平不問家產有亡祿糈所入以班族婣旣歸貧猶昔

僦屋以居所衣猶作縣時物配倪氏封夫人先卒子崇威兩淮候補運判孫開先三品廕生女三長適直隸候補知縣章沅次適北河候補同知勞乃寬次適江蘇海州學正張敦敏論曰公爲守令久人輒稱舉其事以方古循吏吾觀公爲司道時闓達剛毅有大臣體其視古所稱循吏意量遠矣公在大名時泰西人嘗一謁見稱道治威之政不置時去威且三十年矣而論者乃謂遠人不可德致抑獨何哉

孔繡山先生文集序

志我同也術我類而才我鈞也竝世而生者不過以十數焉而此生之不過以十數者又隔以百千萬里而不相値相値矣而所蹈之異其轍迹也所居之崇庳敻絕也年之先後於吾也又幾幾有不能合併之勢焉然吾觀學人之求友也苟竝我生之有其人雖

其勢不可以遽合無不學媒而文贊之時政之與諏術業之與稽生與相問報死銘飾其終苟異於衆而能以道藝鳴蓋無不於吾文見之靡乎其相劘曜乎其竝昭穆羽和而形景附也故讀一人之文可以知天下之才焉以天下之才還質之可以知其人因以益信其文焉曲阜孔繡山先生官京師最久其所從游若阮文達梅伯言朱伯韓魏默深曾文正何子貞張石洲何願船苗仙麓皆魁儒碩學海内所宗仰先生頡頏其閒而師友之宜其學之無不通而詩文之體無不備也諸公所撰述吾旣博窺而麤得其恉矣讀先生之文與詩若揖讓於諸公前而與唱酬焉執素所得於諸公者旁㝡彙參以揣稱先生之所爲殆如蠶之不斷於纆五聲作而還爲宮也則吾鄉者之説不且於是而益徵其信哉

戴母吳太宜人八十壽序

軍興以來沿江數千里湯沸糜裂室廬灰燼民物鑠耗薦紳盛族蕩析而無所歸既歸而隻身赤立了無藉賴遂因以不振者不可勝數也吾同年友天長戴君選樓之母吳太宜人於喪亂奔徙之餘獨能維匡營護變不愆素久不怠初卒完其家如舊時而子孫日益光顯稱爲賢母豈非天下之至難者乎戴君以知縣官直隸待闕大名與濤言太宜人事甚詳亂作時贈君已沒而贈君之母尙在年已八十兄嫂皆老病子七八兄子三人多未及壯扶老挈幼奔避於風煙谿谷之中僅而獲免而姑及兄嫂又相繼以逝家故饒始散於贈君之任恤再毀於兵火又耗於家之多故至是百物盪盡盎無粥米餕無遺縷蓋幾無所賴而庇以生矣太宜人肩鉅執煩拾零緝價苟有事一以自任而督諸子孫及兄公所遺三子使就學久之家稍裕諸子先後領鄉薦貢成均或服官以養長

孫以明經舉諸孫亦以次補博士弟子員太宜人康強愉綏有加曩昔人咸歎爲門庭之祥而太宜人之窘乏迫蹙單憂焦思已歷三十年矣光緒十三年某月某日爲太宜人八十壽辰將稱慶於家君亦開筵客邸召賓僚以賀而以侑爵之辭諉濤濤禮辭不獲乃言曰世之以文稱述人者輒好稱引奇異而庸德弗章況閨門之中其地至隱其事至微爲聽睹所不及乎范蔚宗之傳列女率皆矯厲卓絕之行明辨警敏之才其循循修職自桓李而外無他述焉豈史家之識有不逮與亦庸行之傳於世者少也若太宜人之蹈艱茹苦再興其家其難蓋倍蓰於范氏所錄而其所處乃不過家人骨肉之閒紝㰆瑣委之事何嘗有畸行偉節以聳人聽聞哉吾懼世之略而弗察推大其事而侈陳之使知臨事飭身不必務爲其難其至難者固在此而不在彼也君嘗攝兩縣卓卓著聲

烈名舉四馳此世俗所謂顯揚也君顧歉然不足憂危怵厲一如太宜人之居患難可謂以親之心爲心矣故余既述太宜人之艱苦見家慶所自來因益勉君使力持其終俾子孫席其業者引於勿替若夫禱龐祺頌縏祉浮夸虛誕固太宜人所厭聞亦豈君所以慰親之意哉

王榕泉先生墓表

先生諱肇晉字捷之號榕泉深澤王氏先生之子濤姑壻也濤師之就而問學其家先生以濤爲可教數進而語之由是得窺先生之學先生研究性道以程朱氏爲宗未嘗自著書而手寫先儒之書積若干卷至老病不輟蓋朱子取禮之大學中庸及孟子所爲書以配論語爲之章句集注用詔來學士之有志於道者胥於是取則焉自功令以經義取士世之淺者暖姝自足習爲庸鄙苦窳

之文徵倖於一售多聞之士病其陋也又雜摭旁稱以炫其博甚或與朱子相訾謷而蒐討隱辟而詩雜之利之趨而忘其義華之掇而遺其實其無與於道一也先生慨焉撰輯儒先之說爲四書經正錄以求合朱子明道敎人本旨洛閩敎學誠敬爲基旣尊其說而佩習之因錄以爲服膺集旁涉諸家一以朱子爲衡意少殊則詳究而愼擇於是取薛敬軒胡敬齋張楊園陸桴亭語爲四錄前編呂新吾孫夏峯李二曲湯潛庵語爲四錄後編前編者篤守朱子者也後編者少異朱子而愼擇者也國朝諸儒傳程朱之學而得其宗者陸稼書之說最精以粹於是又別取其書爲陸子全書摘鈔嗚呼可謂勤矣先生不樂仕進由舉人選敎諭棄弗就以孝以友以從政門內以竟其學與其兄琴航先生以志學相敦勉琴航先生官延建邵道時粵賊陷邵武將以身殉作書告訣家人

以不得事親爲恨先生復書勉以治軍殺賊毋以家事爲念濤嘗讀其書未嘗不流涕也先生雖里居不出而視當世之務如其家一政善未嘗不喜卽不善深矉歎慽以憂嘗與論事曰宜爾不爾後恐爾歷驗如所言苟利於人倡爲之或上書當道官就諮不引嫌自匿曾文正公督畿輔再以書徵爲陳吏治中今日利病文正器之曾祖焜舉人浙江布政使司庫大使祖錫培舉人山東東平州知州妣氏劉父鍾和附貢妣氏何氏杜本生父鵬賡貢候選通判妣氏楊配劉氏先先生二十一年卒子用誥拔貢舉人候選主事女嫁龔强舉人步其端孫孝箴孝銘皆附生孝來孫女二曾孫丕祖曾孫女一　先生之卒以光緒十一年八月十八日春秋七十某年月日葬於某學不講久矣自名爲學者率一先生之言辟固陋迂而不周於用甚者或取徑於此以盜名於是講學遂爲世詬

厲而華靡謏薄之士得所藉口以自放其不可極之欲其稍有知識者亦若有所辟而不敢道焉學術之日卑斯世不復得蒙儒者之澤豈不以此也與先生通材偉抱推其所有未嘗不足表暴於斯世而退而斂之獨默焉以所學自程可謂不惑流俗而篤於信道者矣先生世為望族自其先固多儒者有著述行於世先生纘家學禮之子孫吾師繼之益博以邃而孝銘年甫冠尤雅亮有遠志君子之澤之久且益昌其道固如是也吾師以先生事狀授濤命為刻石之文因揭其為學大指使有志於學畏流俗之譏而輒止者可以自決所從豈特慰吾師之孝思而勉其孫曾也哉

書大名國太守事

南樂姦民鍚荷豪横鄉里酒博無賴之徒無近遠皆能役驅之獨文岡者數矣與里中富人王欽相仇謀劫質欽欽挈其家逃荷率

衆至欽家抵蹴器物而捆載其資糧以去時荷之衆已四五百人
矣衆既聚不能散遂蓄逆謀製旗幟火器戈鋋之屬甚備是時海
疆不靖鎮大名總兵統所部遠出防海而兵備使者沒繼者未來
衆兇懼知大名府滿洲國鈞公率數百人以往至則屏騎從出教
條曉其衆諫以順逆禍福而召其鄉鄰說荷使到官三日竟致荷
於獄卒以無事時光緒十年六月也公之出僚佐士民送之南門
退相告語多爲公危及歸而迎之則又驩忭蹈舞交賀公去無遽
色歸無矜容坦坦如平時於是皆歎公之知略足以御變而其量
尤不可及云自守士之吏不能詰盜而姦宄潛構往往蹈瑕橫發
而不可遏禦若廣西之髮逆蹢躅東南皖豫之捻匪出沒於燕齊
秦晉其始則亦衰民溷迹市閭誑丐頑嚚誘結姦猾耳郡縣督吏
役捕之足矣故當其未發吏役捕之而有餘及其勢之既成窮天

下之力歷十數年之久僅乃克之論者謂擇良將帥不若擇良守令不信然與時濤甫至大名親覩其事懼其事之久而湮也於其將去也追記之

李亞之先生墓表

先生諱希聖亞之其字也束鹿李氏家故饒先生修其業而益息之躬督耕作而僦傭行貨徧四方積二十年家遂不訾性儉約節縮於身以及其家而斥奇羨以周匱貧無所惜歲大饑廣濬溝渠治園亭場圃取其庸得全活者數百千家嘗欲置義塾課族人子詩而捐田以贍之規畫粗具矣而先生遽卒春秋四十有七以孫貴贈奉政大夫嘗獨以謂富室者一方所仰賴者也名田數萬畝財貨流衍包其貲以轉販者絡屬於道手銚銍而刈穫其畝者比屋而環居操欘柯度規縣鎔金運摶諸食藝術之人廩其家者相

踵也而溝防築構之所宜興置水旱癘疫之災之所宜振救歲時昏喪之所宜問遺凡事之待財而集者又皆有以塞衆人之求周官以保息六養萬民其一曰安富解之者曰平其繇役不專取豈非以富者人所附有無通易聽其自爲而我無與焉茲所以爲養歟自富人私其蓄靳而不施乃廹抑而彊取之此非獨在上者之過也若先生之所爲非臨民之官所急欲安之以助我爲政而爲斯世所甚賴者哉祖某父某配某氏子全有全仁全智全福孫汝舟廩生汝梅舉人汝楫附生候選郎中汝春廩生汝桐汝濱汝弼汝橋汝成先生之卒以道光某年月其葬以某年月撮其行義而表之則光緒十三年八月也

李君恕堂墓表

李君諱全仁父希聖贈奉政大夫濤既表其墓而次其世系矣君

年十六喪父兄弟舉家事屬之君君惕惕孜孜恐隕先人所詒承兄弟羞業益昌自守益約推施益眾邑故多富人君家尤爲眾望所歸雖他富人亦爭效君所爲皆自以爲莫及君年三十二而卒實惟咸豐四年距今三十餘年矣鄉人猶稱說之不置奉政君旣勤一世以治生悔不學嘗誡諸子曰家幸饒不憂衣食惟讀書知道理能世吾業而大吾宗酣豢於富厚而能久非所聞也君幼稟父訓讀書無惰志旣主家不復以所學干有司而爲之益勤賓禮文士如恐不及子姓以其故多向文學君卒後數十年中以文學見錄於有司者閒歲而有迄於今不絕吾從兄子言先生主講東鹿書院李氏子弟多及門其人皆通雅而抑浮祛憍如其先志吾兄亟稱之介吾兄以書走大名屬濤表奉政君之墓已又次君之事狀以請曰匪獨吾家繄鄉人之志因述其仍世懿行揭諸阡豈

唯身受者之不忘將以詔於無窮君配王氏奉政碑所謂附生候
選郎中汝楫君之子也孫某某

題大橋遺照

通州范君肯堂不忍死其妻圖其母家所居曰大橋遺照大橋者所居之里有橋而其妻取以爲名者也圖成繫以詩以視武强賀濤曰子其爲我識之濤不知死生之說古之達者如莊周之倫以死爲寢休而無概於心佛之徒則謂人死且復生相與禮於其所謂佛而致死者於佛所謂極樂土而生之夫不死其死與死而之生皆致絕於其死而推而遠之不足以抑人之情而塞其悲方士能致鬼與人相見其說蓋誕怪不可信然古有復魂之禮宋玉景差祖其意衍爲招魂大招皆懇懇乎以故居爲念而庶幾乎魂之歸來范君既圖大橋所居又冶銅爲鑪爇以眾芳而勒銘其上以

招大橋之魂然則斯圖之作其楚騷之遺乎

周孺人傳

候補巡檢山陰戴君元選矩卿喪其配周孺人哀溢於禮諸友謀所以解之者君曰使亡妻性行得見於松坡之文吾無恨矣濤重拂其意乃爲之傳曰孺人某縣人父某母沈同產八人而女兄弟三人父早卒伯兄客燕趙佐府縣幕所至奉母以行舉家從之戴君故宦游旣娶遂依周氏周氏家約男女長幼各職所業莫自逸暇孺人旣居母家與兄弟妻雜作不稍自異家人亦安之無彼此言孺人兄客大名濤始獲與戴君交因徧交周氏兄弟數宴其家十餘人食立具茗饌精善尊簋絜脩皆孺人所手治也孺人二十六而嫁嫁踰年而喪姑竊自傷悼曰人生事親重耳旣未及侍吾姑當益致謹吾母又七年年三十四而母卒母卒數月孺人亦以

疾卒孺人體故羸其疾也以憂得疾母亡而疾益劇其沒也則又
以母匱之將歸也孺人於女兄弟爲季既亡其兩女兄母益憐之
孺人亦能仰體母志動輒適指三十餘年未嘗一日離既沒竟附
母匱南旋葬先姑墓側臨終戴君撫視之曰子年尚壯幸可差孺
人泣曰不起矣我年五十餘矣何壯也語訖而卒孺人嘗禱母
疾願促己年以壽母也無子一女殤古者女子在室事父母之節
與男子同而其衣服觀祭祀凡婦人所宜有事皆及女時而知故
葛覃使治絺綌斯干與議酒食而采蘋美大夫妻說者乃以爲能
循爲女時法度近世士大夫家不復責女以職業嫁而歸則益惰
以驕盛族巨室其習尤甚以吾所聞孺人之行殆無愧於禮教而
爲世俗之所難矣然自孺人視之既嫁而未嘗一至夫家又無子
女輒以爲無補戴氏雖克盡女職且卒以事母以賢孝稱母家其

憾且無窮矣而戴君之所悲者不更有在乎

祭王次陶文

材則自晦豈爲仕謀不戚於窮匪財之求胡不家食卒死於游有友仕滇曰子我助君奮袂起戚君者懼尼毋使行君曰無恐曩游吳越西北秦隴東徐兗靑勝無不控屏舟與車炎歊涷凇攀危躡巇手皸足尰形則窘囚而適寐膠滇辟西南引黔控交山川重襲紆譎鬱嶢自中原往吁哉其遼道豫越荆驅山走濤我足未騁我心則切既至二載馳書抵我文詩百篇記所經過瑰思偉辭鉅不遺瑣物萬億貌窮其醜嫱嗅彼世味唾猶堀堁云歲在亥我將北首度我抵里月直子丑不謂及期君歸以匱往二十載偕薦於鄉初與君識鏤腑結腸志滿辭軼陵籍傲康我厠其閒天駟跛牂不闊而嫱干詩百觴自君行遠我卧如僵君歸有期冀以日夜道出

沅湘胡稅不駕南衡北江千里之野古有騷客楚屈漢賈呼索作
述更悲互嚩將反故居抑留不舍望君不見遥祭奠斝

書商君傳後

前乎秦治祖唐虞漢迄今祖秦唐虞之後涉夏殷周三代暴君令
辟更作蠹壞革興相乘除於千數百年之久而不能不蹈循其軌
迹周季世變唐虞之法窮商君知唐虞之法不足攝天下也而易
唐虞以秦春秋迄漢患害紛沓四百年無寧歲秦法與始皇并天
下漢承其故而天下遂安涉魏晉以來十餘代暴君令辟更作蠹
壞革興相乘除於千數百年之久而不能不蹈循其軌迹秦之視
唐虞則有閒矣然襲其法而安偭之輒敗範天下後世使莫能越
踰固無異乎唐虞也然而唐虞之法羣聖人編諸簡册尊之爲經
儒者抱其遺文踵前禮後見秦所措建戾我所聞遂相與排擯之

以爲不足道於是唐虞之法屏棄於世而誦習之不衰其爲世所遵守亙百千年而享其利者則以其秦也而叢詬厲夫天下之變莫知所屆雖聖者不能預防事起法從甚者必盡易其故侵奪之禍古而有之至周之季而其禍亟此不得不變者也四夷之禍古而有之至今日而其禍亟亦不得不變者也秦變之以取詬則古今之見蔽之今變起而圖所以御之稍試新法未嘗舉故法而更之也而議者已蠭起則中外之見蔽之也無古今無中外相時所宜而取決於己忍天下萬世之詬而不辟者然後可與論治

武強蔡君墓表

武強蔡君寶桂以行義稱於鄉既沒鄉人謀不朽君以事狀請於縣與學縣與學撰次君行義歸諸鄉人俾碣於墓族人曰鄉人且爾吾其可後於是彙君事狀及縣與學所撰次俾君子勳持以視

濤濤曰古者於喪禮至詳其儀品器式今固不可得而見經衰杖帶之制雖未嘗大戾於古而各狃所習里異而家不同其沿自古而統天下無異同者獨喪期爲然然止以應律令耳其飲食居處與凡喪所宜禁而不得爲者猶自恣也蔡君居親喪毀幾滅性服除而未復以至於老如親始喪然嗚乎蔡君所爲亦自順其性耳而人之見之者乃皆感歎而稱美知古禮雖不行於今而禮之蘊蓄於人心者固未嘗亡也苟人心之不亡雖久衰莫振之俗不難愧厲而匡捄之而禮之節飭於外者又何難以漸復哉世謂古禮不可復皆苟於自恕者也余既嘉蔡君之能喪其親而歎人之苟於自恕因發斯議以表于蔡氏之阡其世系卒葬與所施惠於鄉者具見前碑不更列云

管宗端甫書

學書以文事相質以謂多讀書曉世務則理富理富則文有質幹而義法自從不必斤斤以學文爲事子之言誠當矣雖名能文者不能外子所言矣雖然以濤所聞文之能事猶有未盡乎此者歟脣歷齶曲脊跛足枝於指而癭於項固不良於用不美於觀矣官體肢骸不失其形所以辨臭味聲色而任提挈戴負者舉有所職以呈其材則凡名爲人者皆然也然而閎隘伉爽魁猥舒急都鄙之相去而相反倍蓰十百乃至不可計數泄於面顏不能自閉遏卒然遇之而能辨者則精神意象之爲也執子之說以爲文誠具其形且可適於用矣而文之是非高下猶未定也古之論文者以氣爲主桐城姚氏創爲因聲求氣之說曾文正論爲文以聲調爲本吾師張吳兩先生亦主其說以敎人而張先生與吳先生論文書乃益發明之聲者文之精神而氣載之以出者也氣載聲以出

聲亦道氣以行聲不中其窾則無以理吾氣氣不理則吾之意與義不適而情之侈斂詞之張縮皆違所宜而不能犂然有當於人之心質幹義法可力索而具也聲不能強揬而得也冶金以為鐘斵桐以為琴截竹以為管依古譜而奏之伶人樂工蓋可學而能矣至於感陰陽動萬物而辨治理之盛衰則伶倫夔曠之外蓋無幾人以其神解妙會無法之可傳不能據成迹以求之也後之學者將取合乎古必取古人之文長吟反覆而會其節奏其徐有得也含而咀之毋操毋忘薰炙浸灌而漸而進焉以契乎其微而幾於自然然後吾之氣與古人之氣相翕合而吾之文乃隨其意之所嚮措焉而皆得其妥此之不能羅列纂排章摹而句仿之其精神意象豈有合哉子且謂多讀書曉世務不求文而文自工何其言之易乎三代之後文莫盛西漢而韓退之所稱道者司馬遷相

如劉向楊雄而已賈生之洞澈今古亂錯之綜覈事物董仲舒匡衡劉歆之通明經術其才學蓋不下數子其文亦且非後世所敢望而退之獨未嘗道焉亦卒不能與數子竝其離合深淺出入之故當有別之於微者而顧可易視之乎子嘗有志於斯世欲樹功名以自見以子之學行子之志其庶幾矣若舍其所志降心而學文則請無易視茲事而忽鄙人之所言

書韓退之答劉秀才論史書後

張籍勸退之爲書排釋老劉秀才勸之作史退之皆推而卻之其心期殆他有所屬答書云云特詭遁其詞非其實也答孟簡書云使其道由愈而粗傳雖滅死萬萬無恨何恤身之有抗疏觸天子之怒譴死不顧而畏嘵嘵之口乎上李巽書所謂舊文一卷扶樹道敎當指原道諸篇時永貞元年退之年三十八不待五十六十

而所以排釋老者固已有成書矣順宗實錄於當時權倖小人罪狀直書無所憚何云畏禍乎且其初志固非無意於史也求國家之逸事致賢人哲士之終始作唐之一經嘗與崔立之言之矣今何自謝不能書中所論列柳子厚駁之甚悉而答書不傳然觀子厚致段太尉逸事書乃自引咎知又設他辭以脫之矣古之作者皆自闢區宇褭然而特立不相師放而後乎我者胥於是取則焉使退之爲史則司馬子長而已爲書距異端則孟子而已二子者固退之所亟稱而宗奉之者也然遵蹈循途軌而爲其所爲猶不甘也漢魏以來名能文者彙所雜著爲一編名曰文集循俗應世之文耳退之獨約羣經子史之義法而爲之其標類也不易其故而辭體則由我造焉而古文之名以稱故六經之外爲編年之史者本左氏爲志傳之史者本司馬子長指事揭義傍問設辭意盡

語止不標體格本孔孟門人所記述不隸於事不離於人不殺於數度探根搆空以論道本老子辭賦本屈原而古文則本退之退之之文出凡從事於此者舉不能外所爲而別啟涂徑而其文遂與左馬孟屈諸家竝峙於天地此退之所以敖倪古今獨抱偉志而不肯告人者也古之治術業者淵源漸被率資力於師友至於心所獨期意量之殊邈曠古今而獨立之概雖師友不必與吾事焉以張籍柳子厚相知之深相期勉之厚猶詭辭以應之不肯使知吾意況下此者乎後之學者稍有得於古而志識曾未堅定輒亟暴而令示之其終於無所成就也又何怪也與

送范肯堂序

濤始學文於桐城吳先生及武昌張先生北來復命往受法時吳先生爲冀州而張先生弟子通州范君肯堂以聘來濤亦自大名

教諭調守冀學因主其書院講席始與范君交蓋通之爲州江海所匯形勝冠東南君生長其間恣山水之好又遠客四方以博其趣故其文恢譎怪瑋不可測量濤既屬於才獨姝姝焉抱師所傳而足迹所極并四達而不踰千里輒用自憾而壯君之所爲君亦以是相勖七月初吉君將南旋次其道所由自津沽浮海南至滬又竝海而北絕江而抵通既拜其親應試於金陵迎婦於江右閩張先生且南歸則又溯江而上謁師於武昌不半載走江海萬里凡吳楚勝地古人所窮探極賞更百千年而號爲名蹟者一縱所欲游以盛昌其文濤既不能勉從君言則惟冀君之速歸讀其文訊所經涉以驟聽覩而恢拓志量斯不啻從君游焉君與南中故舊選奇逐勝徜徉而酣嬉思北方友人有滯迹辟左形拘景縶如君詩所謂甕坐而釜游者亦未必不笑且憐之而亟圖北來以慰

其意也

讀柳子厚集

子厚得名早應世文少時獨多於退之貶後自云文異前編獻文諸貴人而行亦益修乃終無所遇以復其故退之數以文謁公卿而氣傲而言峻與者少後名益自位稍顯矣猶時觸讒忌以顛蹶其不遇與子厚同而其憧憧皇皇思致己所有於人而希亟就功過而思伸久且愈篤一人之志亦未嘗不同也子厚爲伊尹就桀贊論者謂飾詞解詬吾以爲其素志乃爾雖退之亦然古之賢人志士心平斯世不忍矜飾以廉謹而自參其無用之軀者蓋無不然也後世儒者以是爲韓柳罪不已過乎孔子弟子仕私門仕亂邦未必悉與義準而孔子莫之禁焉衰漢多隱士辟不就者乃至數十百人豈衰漢人才盛於孔門而郭李所漸被賢於仲尼邪是

不得以迹論也歐陽公云人當議事時若知義者及到貶所則怨嗟不堪雖韓公不免吾意不然潮州謝表情廹而辭切眞所謂惓惓不忘君者故天子見之以爲愛我與夫圖寵冒進旣黜則戚戚以憤懣蹈隙而希復用者則有辨矣子厚與故人書詞旨亦略同惟賦騷及諸雜說詞多激望益深尤取世譏吾嘗反復其文而深悲之怨矣有悔心焉讀其書者固當哀其志而嘉與之況國風小雅屈子之作其怨嫉皆不減子厚所爲惜才之不見用而不能恝吾君民憂思憤懟形諸文章才志忠懇之士之所同也又烏取夫中無所有退託淡泊而以矯爲高者哉吳先生論韓柳多怨詞因推其意書於集後以質世之讀韓柳集者

送張先生序

經詞賓詩獨爛然而華楚人旣侈其體以爲賦而賈誼司馬相如

枚乘楊雄班固張衡之倫用以薦功諷時抒懷愫狀物變益瑰放
詭怪而不可窮承效者多沿用爲體其弊也厖雜而纖僞唐韓愈
氏急起而持之汰繁抑浮一歸於樸天下學者惟韓之從自漢
迄唐曠數百年而文章始復於古書傳之既久或孤抱韓氏之義
法而不敢他有所涉其弊也意固而言俚國朝姚姬傳氏纂錄古
文益以楚辭漢賦其說既美矣曾文正公取其說而益恢之以自
治其文而宋後數百年沿用之體於是始變漢文偉麗矣而所謂
質者固在也末流汩焉耳韓文簡樸矣而漢文氣體固在也末流
靡焉耳韓氏振漢氏之末流反之古曾公振韓氏之末流反之漢
先生師曾公嘗取姚氏所纂錄而獨說其辭賦以示學者濤既蒙
不棄以爲可與於茲事而數進以閎肆之竟夫閎肆之竟舍先生
所說固莫由達也而孰思之而莫窺其涯於先生之歸也敬以問

之

送吳先生序

意有所寄而爲文而意之所寄恆視其人所遭之時與所處之竟以盛德當末世而易以興詩之刺譏大氐因所遭際託諷詠以達其所懷春秋繼詩而作其意蓋與詩同故孟子尚友古人必論其世以知其人而不泥乎詩書之迹於詩曰不以文害辭不以辭害志於書曰盡信書不如無書不信者不信其辭也諸子之書荀卿以爲持之有故而太史公於古之作者必推其作之之由其采之以爲史則曰好學深思心知其意曾文正公云太史公稱莊子多寓言吾觀子長所爲史記寓言亦居十之六七古人讀書及其所自爲書其恉趣類如此韓退之非三代兩漢之書不敢觀其取法三代兩漢也亦曰師其意不師其辭故後之作者惟退之爲近古

近世之學者不然爲理學之說者曰某書體具而未極其至某書
務末而遺本某書不合仲尼起作者而面詰之不能自辭免也然
而作者之意彼固未之知也爲考據之說者曰某文非古之訓其
名古無此稱以事徵多抵捂以時考失先後起作者而面詰之不
能自解免也然而作者之意彼固未之知也爲辭章之說者曰事
覈而辭簡三代之文也體大而氣充西漢之文也意繁而語偶東
漢以後之文也時代之論古而有之沿襲以爲說耳作者之意彼
固未之知也夫不能心知其意義拘詞泥而馳逐於膚末自詡知
言無異乎言理日益精考古日益詳文之義法益嚴以密而名能
文者且閱十百年而不一遇也濤嘗聞桐城吳先生之言矣曰古
人著書未有無所爲而漫言道理者由先生之言思之自易以下
皆有爲而作者也自韓以上皆讀其書而知其所爲者也先生以

此意求之古人之書其幽懷微恉曠數千載無人知者至是若出以相示而書之正僞淺深離合亦遂就我衡鑑莫得遯其形向所謂三家學者旣因先生之說奪其依據埶不得不逡巡辟易而不復能執舊所操術參與乎作者之列其搜討廓清之力如此用其搜討廓清之力以自治其文而其文乃與退之前二千餘歲之作者相揖讓而孤行於退之後至今千餘歲之中而邈無儔焉先生官冀州命濤主其書院講席朝夕請業方聞其所可得聞而先生去官將都講蓮池書院皇然如失所依歸乃聚諸徒友撮錄先生所平議於諸書者且竭吾才而鑽仰焉先生儻矜其用心之勤異時趨謁坐之諸生之末口授其傳恉或者得聞其不可得聞者乎此固濤所不能驟幾而又不能不汲汲而求者也

題畢苐亭先生小像

深澤畢萧亭先生耆年碩德游宦京師鄉人之在都者皆樂從之游濤從祖叔父與先生鄉試同年吾家後進尤宗仰之稽德考業諏事所宜惟先生言是從先生喜讀性理書自檢甚嚴久宦如寒素嘗繪小像題其後有自識爲我之言其乞贈言小引有曰三契友皆知其爲予嗚呼馳騖仕宦之場失其爲我而不自識者皆是也匪獨不自識易其性行以歸雖家人戚黨且將不識之矣觀先生之言益知先生所學濤初學爲吏倀倀無所從先生其有以詔我乎爲之贊曰述先生之德吾莫測其學所得也頌先生之壽非先生所以不朽也戩戩其身嘻嘻其神京師所貴奔騁而遨放而廁其閒者有儒者一人以所自贊贊之庶可得其眞矣浮詼迂誕之說匪陋則枝惡足爲先生陳哉

定州王文泉先生行狀

曾祖又曾誥封朝議大夫晉贈通奉大夫
祖萬年乾隆戊子舉人誥封中憲大夫晉贈通奉大夫
父寶華嘉慶丁卯舉人誥封奉政大夫晉贈通奉大夫
先生諱灝字文泉姓王氏先世自山西洪洞遷直隸定州之奇連村十傳至先生之高祖徙居州西門外先生長身魁貌性坦直善與人交所過逢雖卑幼若不同道益自下飲食笑呼連日夜不猒旣猶追述之以爲樂人有過顯斥之使不自容卽有求輒逾所望喜讀書務爲經世之學期有濟斯世視人事如己苟利鄉里無不爲事以財集倡爲之或獨任州有大功役必仰以成振乏困不待請歲歉出米平市價而量畝授種以爲常光緒初歲比旱赤地數千里飢民走死徧野益思所以全活之遠者給米而二十里內設施粥之所三自十月至正月就食者日五千人而留其老弱婦女

之無歸者數百人至五月竟事未嘗死一人使人持錢四出要孔道資飢民走四方者獲資免道路死二千三百餘人又出粟四千石建倉儲之歸之官鄉人感德遠近信賴自粵賊竄畿甸其後土匪竊發連年不定繼以捻匪畿內不靖者幾二十年州縣治團練率不能成軍賊至輒潰先生既爲一方所信仗悉就法約又出家財助之人益奮厲樂爲用以戰以守竟賴以完粵賊之竄入臨洺關由正定趨東北過賊於藁城之濠莊鎮賊遂東土匪犯州竟與戰輒敗之最後賊至高門鎮而官軍躡其後往說其將而夜帥數十人卒往掩捕獎數百人衆潰土匪遂平捻匪北渡晝夜城守而時出擊之衣食難民而令其壯者登陴賊游騎數至卒以有備不敢犯總督訥爾經額公劉公長佑皆奇公所爲予以軍械而犒勞其士卒先生既以貲雄一方嗇於自奉於人世華靡無所耆獨喜

收積書籍所無必求之不校直以異書至（州丙）之輒過當聞有善本倭人齎重金不遠千里必得然後已濤嘗游京師書肆所指求輒曰此新得已送定州王先生所如是者數矣自宋元明初精刊武英殿諸刻國朝諸巨儒所校古書兵燹後絕難得者皆有之而人世通行之書殆無不備羣經注疏以及箋解考證凡涉於經者六百五十七種而小學音韻之類又百三十五（丙）種歷朝史記與譜錄志傳凡隸於史者以及各行省通志府州縣志五百十四種諸子術數方伎之書七百十三種漢魏以來詩文集六百二十七種纂類書三十三種善本重收又二百七種寫本百二十種以帙數都六千五百三十四以四庫例著錄而編校姓名刊刻年月皆注之其爲四庫所未收而通儒博學不嘗見者蓋若干種善本以錦爲

帙其尤者襲以縢笥置祕室餘則叢插架上堂室皆滿又以餘力捜輯金石拓本千餘種嘗以謂大河前橫太行右峙虖漳衞而東薄海其地平舒壯闊荀卿董仲舒後作者代興汴宋以來爲帝者都人文乃益盛而不幸而其書不顯於世者乃至不可勝數此命世君子以斯文自任而生長其地者所宜悼懼者也於是有畿輔叢書之刻廣延英俊齎金幣走書四方罔散失拾闕殘巨細畢收日積月增遂以大備於周得一種於漢得四種於魏得六種於晉於齊於隋得一種於唐得十六種於宋得十五種於遼得一種於金得五種於元得八種於明得七十八種於國朝得三百四十六種甄錄芟補匯爲一編其零篇碎牘不能成書者更爲畿輔文徵坿其後與校勘者皆一時博通之士而書之棄取與纂修體例雕刊規式則先生自任之始設局於保定既移於家日從事編校孜

孜無倦容雖疾病不輟歷十年將蕆事矣而先生遽卒然雕印成書爲先生所目覩已過半矣先生既耆學喜賓接文士自開局校書學益勤名公鉅卿博材碩學爭欲與交交道亦日廣而所學益宏博無涯涘合肥李相國以畿南文獻榜其門而畿南學者亦遂仰如山斗云先生之卒以光緒十四年八月六日年六十有六由舉人議敘同知賞四品頂戴配許氏同郡舉人魁烈女先卒繼配何氏正定廩貢生秉鈞女子延綸優貢亦耆學刊書之役將纘先生之志而成之也女適行唐中書科中書李鹿鳴孫恩範娶吾叔父諱錫珊公次女先生見濤文以爲奇招與校書濤亦欲一謁先生縱觀其所藏書以爲快而卒不克此濤之私憾也先生平生志事武昌張先生既表其墓矣茲復爲之狀仍冀立言君子撰次其事以廣其傳

賀先生文集卷二

婺源潘竹銘墓表

予以教諭官大名獲交婺源潘君兆槐蔭卿時縣令丞倅待闕大名者五六十人蔭卿最少在衆若不能言與語敏給唯謹予旣洒然異之桐鄉勞厚庵先生通雅而有文山陰戴君矩卿善書往往過蔭卿兩人所而輒與其弟竹銘偕竹銘年甫冠雅亮如其兄益慕而好之閒偕戴君抵其室居甚陋而几案羅列書籍皆滿竹銘輒能隨所問舉其略予益驚不知其好學如此也自是數過從而勞藏尤獎揚之竹銘諱廷槐兄弟五人伯早沒蔭卿爲仲次彥槐次卽竹銘其季殤父卒官廣平典史貧無以歸舅某爲蔭卿入貲爲河工縣丞舉家之大名竹銘幼聰穎母教之讀已通諸經始就外傅用監生應順天鄉試以迴避未與旣歸而學益勤蔭卿以微

官竭力以奉其母而畜家又資其弟使求師友置書籍從事科名文學竹銘亦能矯習往嘗委命於學仰慰母兄然後知潘氏兄弟匪直於學勤也其性行殆有過人者愈益敬之光緒十五年厚庵先生自通州以書抵予京師曰竹銘與矩卿相繼死矣蔭卿不忍死其弟以狀來乞予文表其墓竹銘體故羸予去大名時已病而劬學如故未嘗不嘉其志之勤而憂其體之勞且憊也噫其竟以是死邪蔭卿所爲狀稱潘氏自有明以來世爲望族後稍微竹銘慼喟激發欲自振拔紹光前休喜讀性理書手寫孫夏峯先生理學宗傳書經近指四書近指讀書大指以自敦敕於禮經治之尤勤嘗欲有所論述續其邑先正江氏汪氏之所爲嗚呼誠如所言則予向所視遇之者猶淺而竹銘之少年夭逝不克竟其志不尤足惜哉至於往時朋從別不踰年而亡其兩人有足動人死生合

離之慼者抑又不足言矣其沒以十四年五月五日年二十有三
曾祖大縣姚張氏祖階平舉人妣張氏朱氏父諱濟母葉氏父卒
權葬廣平某所十一月十日蔭卿扶弟柩葬之父墓之側竹銘以
貧病未娶蔭卿以其子駿聲後之

書史記游俠傳後

古無游俠春秋以來閭里之姦竊古任恤之義以爲名一人激於
意氣以名劫眾人而驅役之封建之世無黔首之亂然鱄諸聶政
之流以匹夫劫殺君相盜跖聚黨數千人橫行天下莫之禁秦以
後則揭竿之禍無代無之其倡之者必皆游俠之徒子產所謂小
人之性釁於勇嗇於禍以足其性而求名非國之利者也然其舍
身急人走死不顧其憤烈有足壯者故人喜爲道之莊周既論列
盜跖又稱其爲盜之術太史公傳游俠刺客津津道其事詳焉而

不厭班氏既譏之而輒復效之非皆豔其事而不肯絕其名乎夫
古之爲是者既筆之書而美其名矣而天地之閒遂若有一途焉
縱容亂人以足其性而成其名吾觀姦雄扇變其言語舉作輒有
類莊周太史之所稱豈非習聞其說迭相慕效而有若授之者與
韓非子言蠹國有五而首舉文學游俠其他論述亦往往以文學
與游俠並稱以謂文學無功於國而得顯名與俠者同也嗚呼韓
非之時文學無功而已後乃日益甚焉東漢以來名爲文學者益
衆相矜以輕誕之行相角以慧黠之辨相夸以浮游華靡蕩恣之
辭棄擲節禮弛縱自便游俠之行猶時爲國法所禁文學所爲則
安享其名君相不得過問或嘆奇而禮尊之廢人事壞習俗賊人
才莫此爲甚而史家乃掇其事而登之史侈陳之以爲美無惑乎
里巷之秀斗筲僞薄之才爭趨效之歷千百年而莫之革也司馬

公編歷朝史事乃壹删汰之其識可謂卓然矣春秋於齊豹書盜左氏以爲求名不得所以懲肆若艱難其身以險危大人而有名章徹攻難之士將奔走之左氏之意與司馬公同然左氏知春秋之欲絕其名而其所自爲又數稱焉殆如班氏之譏史記而復效之也吾觀文人記述類喜稱斯二者故書此辨之或曰著之篇章所以示戒何必滅其迹哉曰既述其事而張而美之矣已乃斤斤焉繫以戒辭則又楊子雲所謂勸百諷一馳騁鄭衞之聲曲終而奏雅者也

書天津金氏三烈婦詩後

歐陽公所爲史以死節傳表全節之士其死人之事而初無節之可稱則別爲死事傳未嘗以節予之至於邂逅捐軀乃儕之眾人不特書也死人所重死矣復苛繩之其說以爲求備故艱難故可

貴何其愼與女子殉夫死亦不同或激於一痛或計無復之一瞑不顧志則可憫猶非所難今觀三烈婦所爲其一人割股療夫者再卒以身殉一夫旅死歸夫骨葬之而後死一夫死姑在姑死乃死抱死其夫之心畢吾所有事卒從容就其志史家操以責將相大臣薦紳之儒而以爲難者一女子顧能之茲所謂可貴者與嗚呼一門之內六七年中死節之女三可謂不幸然非性有過人所禀承於家者浹乎禮訓亦惡能所遭各異而所以處之者裁以義皆可以無憾而不稍異哉抑又不可謂非金氏之榮也

藏園記

蓄德與才而不仕仕不遂而退其堙塞鬱軫往往見諸文辭匪獨自傷不遇亦所際於耳目者時觸所憤疾而激而爲之也若是者雖使闢園池營竹石屏人事弗接而其志不怡歐陽公嘗曰晉無

文章惟陶淵明歸去來辭一篇而已彼豈獨愛其文哉殆以其與世遷移足乎已而於世無尤而能適所適耳蘇子瞻之豪放黃魯直之崛強其文辭皆雄駿自喜而皆好讀陶詩子瞻且依其詩而徧和之豈非摧抑斥竄折其盛氣而有得於君子自得之樂哉吾師深澤王小泉先生有當世之志以事親不出於舍後架屋數楹雜植花木命曰藏園著書其中門軒楹壁皆有題識語曠而趣遠樂其在我者而無怨懀於人洎乎其窮累蕩乎其有容以濤之不敏讀而反復之猶將廓褊衷抑矜氣遺蛻穢垢而往從游也先生嘗與吾父書曰吾欲學陶淵明而不能嗚呼其近之矣

山西絳州直隸州知州陳君墓志銘

光緒初歲比大旱自青齊夾河而西踰太行北竟幷代民流離死道路者相枕藉疆吏告饑於朝天子矜悼災區飭疆吏督所屬發

輯起在籍侍郎今致仕大學士閻公敬銘振撫山西而湘鄉曾公國荃爲巡撫山西災甚諸省而籌備荒政乃諸省所不及其屬吏廉勤將事承上惠實播之下者絳州直隸州知州陳君世綸爲之最絳自元年歲歉繼以大饑君在絳三年施助拊咻未嘗少懈既以焦勞致疾猶扶疾力行竟於四年四月四日卒官閻公曾公上其事加贈道銜廕一子入監讀書期滿以州判用絳人厚賻其喪私立祠祀之君字煥之直隸青縣人曾祖璁廩生妣黃氏祖會極監生妣呂氏父允洵廩生妣南氏本生父國治舉人內閣中書廣西平樂府同知娶司氏生世紱再娶司氏實生君祖父皆封贈如君官又以其官貤贈其本生父母君明敏有識略勇於爲義以拔貢爲縣山西始至大府令鞫訟遣決大獄由是得名代理崞縣補潞城署萬泉調滎河夏陽曲薦卓異升直隸州知州署忻州又署

絳州遂爲眞用舉者以知府用歷六縣兩州皆有能名潞城民苦
兵繇有徵調貧富皆病君爲立章約汰煩杜濫訾給毋乏而民不
擾其在夏捻匪自陝西東渡河君歛官民所蓄刀矛火器旗幟之
屬以千百數不足益購造之凡守禦所需無不具誓與死守賊距
城數十里擾及四鄰夏獨居中無恙賊既去周城爲塹親引繩丈
雜民操作刻日而就及在絳姦民聚衆劫掠民饑脅附者多竟內
大擾君不何問突往掩捕禽其渠寘之法衆遂解君之初至晉也
以咸豐元年及君之卒通歷幾三十年矣濡化者衆稱說至今潞
城夏皆刊石銘德而絳人感之尤深以爲莅絳不久未盡布所蓄
而吾絳人渥其澤者猶未至也娶王氏封恭人生慶均後其兄世
紱君卒以從弟子慶恩爲嗣承所廕州判女二適東光候補府經
歷孫桂叢鹽山附生張騤山西山嶺叢襲其中阸隘所產不足給

一方歲稍歉民已不堪以曾公之區畫如君等者力而行之而猶不免死亡然則官斯土者得不究心保息之術豫圖補救而早爲之所哉君卒三年王恭人亦卒將以十六年某月某日合葬城南四里新塋慶均子曾蔭爲君事狀介其外舅宗華甫徵銘銘曰

宰今郡縣莫可施營困不宿倚民非踐更有大災難縮手以驚君曰吁哉豈不在我骴則肉之口噓手摩起彼僵仆爲我致果鄰蹂於盜我則安卧既安既飽晉人歸仁既歸我仁以仁易身異世考續視此銘文

書三國志蜀志後

蜀無史可徵其志略諸葛公海内所仰名說者衆故述之特詳自二牧二主妃子諸葛外僅十篇亦往往託於諸葛以傳其人之臧否高下既多取其言以爲斷而生平識趣功用與夫言論書教本

傳不及載者則雜載之諸傳諸傳闕不具矣以諸葛事經緯其中隨所指稱輒能得其大者合觀之爲諸葛一傳可也陳氏於三國時所服膺惟諸葛一人至擬之咎繇周公故言之大較如此因事制義法破除舊常此其閎恉孤詣固宜肩隨馬班而非蔚宗以下所能追步也諸葛文章比迹周漢學術則高出兩漢諸儒之上漢儒汩沒於五行休咎沿數百年而不知反諸葛獨屏而不言羣臣化之自勸進外雖周羣杜瓊譙周不敢以災祥之說進其特識與不赦同記注無官行事多遺於爲政有未周陳氏說旣允矣而并譏其不書災異殆習於漢儒舊說而諸葛之學猶有未能窺見者與

太子少保刑部尚書嵩公五十壽序

皇帝御極之十有六年六月二十八日一旬聖壽氾布大澤罔弗

霑浹八懷綦恩越三十八日八月初吉爲太子少保刑部尚書高
公五十誕辰明良德協慶依與同卿士大夫旣恭祝聖壽於朝將
退而稱賀公之邸第公固辭不許丙戌會試所取士仕京朝者且
百人同辭進曰古者政清化成上下歡洽君臣燕歌其宜惠頌德
之詞必曰穀祿壽豈彼豈飾情溢美以虛詞相市哉蓋必保躬頤
神蹈精嘉祉然後可以肩重寄康庶事歲綿月衍而貞治道於無
窮也今天子親裁大政公卿奔走效職繄耆臣宿德是賴公勳光
德懽百官矜式而康彊敦裕受大而克荷履煩而不勞足以表振
寰宗懋揚職業副朝廷倚畀之意此海內所仰望而國家之慶非
一人一家所得而私公其可辭公無以拒之遂進而稱曰滿洲故
家其始多以武功翊運獨公之先世自世祖時以進士補諫官直
上書房纂修祕籍編述經史卓爲名儒其後承蔭趾美世取科甲

並以文學政績輝炳中外歷百餘年至公之祖而益大建節揚荆
聲烈橫被而文勤公仰紹前軌乃益殫忠畢思文武隨用爲朝野
所倚仗者三十年何其盛也自古王者之興其心膂股肱佐命之
臣多出其鄉里非他方所敢望子孫仍世祿位久或驕怠陵夷稍
微我朝肇基東土英彥附起肩比武接故巨室盛族滿洲獨多隆
於往古而聖朝寬仁善保勳舊勳舊之世亦多懍國憲服先訓持
其業於弗衰公家累世忠孝造福四方復能益以詩書之澤其席
祜蹈豐彌久遠而彌光大也誰曰不宜公初以詞臣事穆宗已負
公輔之望今上即位益倚重公自翰林躋卿貳所莅職辦參與庶
務漏補弛張十餘年遂長秋官天既眷顧我皇迓祥厥躬公家亦
代有積善之驗而聖主銳意興治以毗贊之責責之公與公夙夜
憂傷思竭誠以報國兩相待於無形之中尤天所潛佑默相欲厚

以昇之延國家無疆之祚者也斯豈世俗禱頌浮詞所能罄其義哉濤等居列門下陪侍杖几親薰而炙之與聞公謀國之大者因仰見朝廷寵任公之意用敢舉致慶所由為侑觴之詞公儻以為知言不以虛譽妄謏斥之而為之進一觴乎

讀韓子

易不可為典要以變動不居也微獨易凡書皆然其時其人其事各有取爾也孔子答門人各異觀其以父兄退由而不知進及觀其進求則又見人之退者而疑之其可乎孟子論湯武放伐以為誅獨夫抑齊王之侈心耳使問者為人臣必曰有湯武之志則可無湯武之志則簒也語以語齊王者豈非助之亂乎論放太甲歸本伊尹之志使人君問之則必如師曠之對晉悼公矣兩說相輔理乃具知其一焉惡有無礙之言乎三傳述春秋時事各異而諸

子雜紀古人言行尤不合或有激而寓之古人或據古人素行以爲宜爾而撰具其事與言其託迹以示義也殆如易之取象隨地與時而變豈有常形之可泥乎哉荀子曰持之有故言之成理孟子曰以意逆志是爲得之據是而求庶乎其無抵滯而韓非乃取古人之事一一難之作難篇誠多事矣然吾觀非所爲書其徵引古人亦輒遷就其事以佐吾說則其所謂難者固將假之以抒所蓄意不在難古人也柳子厚好國語爲文輒效之而作非國語六十餘篇其意蓋與韓非同蘇氏之文長於辨論往往開古人所爲而代之謀殆亦抵觸於事而謬託古人以見意與不然以事後之知爲人籌萬全之策蘇氏固若是之矯誣哉

裘翼庵傳

裘君諱祖詒翼庵其字也世爲河間人曾祖某祖某父某本生祖

寶善舉人安徽泗州直隸州知州署鳳陽府知府有善政濤嘗志
其墓本生父德俊拔貢自刑部郎中遷御史名敢直言出佐戎政
以道員候補江蘇告歸母賀氏濤從祖姑也君幼能屬文七八歲
時隨鳳陽公在官宴賓僚必命君侍客以詩倡必命和往往驚其
坐人既長好為制舉之文究理狀物探之渺茫每有構造屏聞見
隱几或面壁輒竟日夜喜論說論古人文及所自為意所快則欣
然誦之且誦且議中窾合節聽者雖所不解輒悟雖不即悟無不
意為之動而神為之移也與其兄訓臣皆以文稱初就鄉舉各攜
文百餘篇至都以視戚舊皆驚嘆然竟不第其後叔弟叔和舉己
卯鄉試季弟健亭亦中是科副榜與同學而偕進取者兄我師我
亦或先後得意以去而君卒不遇兄弟皆豪侈美衣服喜聲色狗
馬多少年之戲君獨布衣敝冠進鄉里後生與言文事以為樂其

在京師貴游少年日招其兄弟以酒食伎優相徵逐君獨不與閒一往旋厭而去君家累世爲官習於仕宦觀察公家居二十年年已七十出佐山東巡撫治河訓臣以軍功官雲南知府健亭以貲爲縣山東其庶弟某年甫冠佐貳州縣叔和亦日營營亟思得一官以出君獨泊然無宦志闢田數畝穿井架屋藝蔬果其中閒仍從事於所謂制舉之文與其徒挾筴橐筆相隨趨有司試如初濤交君兄弟間君意最篤事必咨文必質見弗忍離既離而思光緒十五年君以秋試至都鬢髮已蒼白又適病頽然如老翁君長我二歲別未久而遽如是意竊怪之與語意氣猶昔索所試文笑曰何足觀已而曰於君不可祕因誦之予稱之亟君徐嘆曰不意今日之文尚能動君聽也因相與笑既出都又遇於天津未遑他語卒曰吾文果能動君聽乎未及答君笑曰始吾不能恝於得失既

屢見擯久安之矣語良久與定異日相見之約而別君在京已病既至家病益亟竟以不起春秋四十有三娶饒陽翟氏女君家自高祖後未嘗析居而君之後又兩世家屬百人翟氏兼綜內外無廢事子某某論曰君初好文年三十乃好醫嘗曰吾好醫甚於文所得亦深於文後又好農圃躬爲之賦農圃詩以見志嗚呼君誠有耆於彼邪抑志不少遂無所發其意而姑有寓於是邪果爾則所謂安之者乃憤極而強抑其情耳其未老而死也安知非抑情之甚久而不克自持忽而觸焉遂頹萎而不可支邪吾嘗以其情詰叔和叔和不知蓋獨鬱積於中雖兄弟不以告也而其所以死者人且以爲適然矣豈不傷哉豈不傷哉

讀漢書公孫賀傳

武帝時國家多故宰相不堪其職乃別引材俊士與謀不關宰相

其後置相遂專取庸懦充位備員而已如公孫賀劉屈氂諸人皆中下之材班氏爲立傳譏庸臣以譏朝廷自吾觀之武帝誠過矣然國家太平既久卒有大事有非常職所能任者豈惟宰相羣官皆然豈惟漢從古迄今一也參與幾密出內詔命國家所設常職有司之者矣時至埶變則曰彼不足舉吾事而別設專官以轄之而屬其事於能者四夷之交接軍旅之謀防禦之策國家所設常職有司之者矣時至埶變則曰彼不足舉吾事而別設專官以轄之而屬其事於能者夫國家設官之初曷嘗不求能者而任之而責以事哉歷時既久法累而多人狃而翫官闕不問才所宜事所習也諸曹吏進以功次遷之事至不絜始而究所歸也比類擬迹以合之而國家課吏之法施之平時者亦如所職止未嘗於所職外他有所求羣公卿大夫而胥吏之公卿大夫固且胥吏自爲國

家閒暇中材以下委蛇其際可也一旦有事諏文咨武眾駴羣唯媕婀莫可據仗又安敢不別求能者寄以專責而使蹈常狃故之徒貿貿然其間以牽掣之哉廷臣固爾推而至於外吏亦然司道府縣所職無不掌也而有所興改乃因事設局以領之而守土之吏不與焉推而至於將卒亦然歲靡巨費以詰武備及其有事而所養不足用也乃別募新卒以充之物以積腐事以時起其舍常而創新以赴事物之會殆劫於勢而有不得不然者矣雖然其始也因事以求其人官之遷於故速祿之入於故豐瘁躬厲氣相期以有成賢於其故倍蓰也事之既集久而狃以爲常事至則亦比類擬迹以合之官闕則亦以功次遷之而趨競躁進之徒冒其利也又旁緣抵隙而入之冗濫塞壅塊然不得掉轉比於其故不幾於駢拇枝指之侈於德哉嗚呼患至而改圖窮而變也其所變又

將以久窮而天下之患且愈出而靡有屆焉吾觀漢之不任宰相
有感於近世之事籌救時之術而不得也因推類論之以質諸有
志斯世者

楚翕堂制義序

取古人言論之其法舊矣制義則代古人言明初法已略具探情
究理若有準衡雖高才碩學罔敢踰越歸熙甫氏出體則猶舊而
獨以唐宋以來所謂古文者之氣行之制義之體於是始盛其後
作者代興角奇詫博自羣經諸子之義蘊歷代存亡盛衰文物典
制以及天地陰陽民物情僞與夫人生遭際悲傷悅豫哀感激憤
不平無不於制義發之偉麗譎怪莫可究詰而制義之體遂恢拓
而無以復加人心之好勝氣運之久而必洩日異月新變而愈奇
理固然也嘗獨以謂著書爲文之難也傳注箋解之流稽考名物

句疏字詁博且詳矣而或無當於古人立言之意其談義理者窮深剖微極於至當而無以易而以之釋經於本恉或未必合焉而況制義之文代古人而爲言其淺深離合輕重之際有不可以騁才炫博爲之者乎有明以來作者林立其爲學者所宗仰奉爲儀式歷數百年而無異詞如金陳章黃熊韓一方諸家其才氣雄視一代矣而裁以制義之法固不能無枝義無溢詞而謙然無不當於人心也安溪李文貞公刊膚抑夸體純而語覈卓然大雅未嘗取法歸氏而獨可與歸氏竝稱殆如古文家之有桐城乎故城祕公丕篯楚禽堂遺稿有文貞之簡要其曾孫省存先生亦有文數十篇用法運機則一本歸氏皆所謂文家正軌也吾嘗怪有制義以來以之名家者何可勝數而吾鄉獨無其人既而得文安陳子巘先生儀蘭雪齋時文先生爲熊氏再傳弟子其精奧似江西諸

家而奇儁過之安州陳密山方伯德榮與其弟德華雲倬德正醇叔各有遺文數十篇皆閎深樸茂醇叔之文尤爲方靈皋所嘆賞至擬之熙甫而吾縣故左都御史劉公（諱益）侯數與李文貞游其文亦絕似文貞文貞亟稱之今又得讀祕公之文數公之才學於明季國初諸老伯仲閒耳而文顧不顯豈文之傳不傳固有幸不幸與抑吾鄉士習敦樸不逐聲氣鮮徒友之稱說而傳禮無其人迨其久遂澌泯而無聞與祕公之裔孫某將刊公文以行世因爲述制義之流派見公文之得其正又喜其將顯於世也爲稱吾鄉先正能文而不克自見於後者質諸承學之士冀益搜討遺佚以廣斯文之傳焉祕公字仲負康熙癸丑進士官至光祿寺少卿陝西提學省存先生諱象震雍正甲辰進士官至左副都御史皆有政績可紀

書所鈔儀禮後

春秋旁事設辭而文之屬乎辭者即事而異遂以得事情而盡其變辭如事是非如辭歎焉則不達侈焉則辭枝而事晦偏焉私焉則失平韓退之文本諸經而於春秋則取其謹嚴太史公謂孔子制義法以次春秋謹嚴其義法也其稱儀禮以爲考於今無所用之而獨取其奇辭奧旨殆亦慕乎其文耳吾嘗以謂諸經皆綴輯而成獨禮與春秋成於一聖人之手尤學者所宜究心春秋者聖人治事之書也儀禮者聖人盡性之書也春秋時公卿大夫習於儀矣孔子處朝廟鄉黨亦祇如經所言而論語詳志之若志所獨者其儀夫人習而能之而情隨事變發乎容色不待勉强而中乎其節則非聖人能盡其性者不能也非聖人能盡其性者不能行則亦非聖人能盡其性者不能言也其書誠無所用之而讀其書

而神遊其時猶不覺肅然自斂其邪侈而愛敬哀樂之心怦然動於中而不能自已焉豈非其文之至邪旌要以題事節屬以備典標一以類餘參通旁達以盡變貌所形而情著斷所不然而義顯稱名舉物以隸乎事而麗乎辭相所宜命之奇而雅典而不居則於所謂義法乃益廣而備矣治古文者以謹嚴爲之基以禮之詳博拓其規然後合衆材以具體焉則庶幾乎大雅之作矣予鈔經史諸子以從事斯文而先以儀禮蓋以正所鄉云

送王梅岑視學山西序

朝廷選禮部所得士聚之館閣卿相之材疆圻之寄將取資焉故其始進也未嘗擾以吏事使之優游文學養其器以裕其材而國家歲時取士則奉天子使往臨之學政之任尤專且久疆吏總一行省政令以治民使者則督其郡縣學以教士其埶蓋並重者也

然即學政之所處觀之郡縣既試所屬以告就而核焉錄其尤登之學而已郡縣所教不與聞焉登之學則以屬學官弟其等而饟之而已學官所教不與聞焉其試於鄉而升之禮部則朝廷別命人主之彙其名送之考官而已考官所舉不與聞焉以督學爲名其人而執業出而得舉皆無與於我而官吏之仰而承流者賢否從違其陟罰復不我屬才然客游於一行省之中受成事奉具文耳一不得有所展施吾則以謂天下事有功令所不列簿書所不責衆人孰視無所見雖見以爲不繫於職司莫肯屑意而興革之利乃甚溥否則受其害者一命以上與有責焉況尸高明之地者乎至於憲令所具法罔弗善不得有爲其官者習俗使然耳矯而力行之固在我矣此當官之事而非高識遠志之士之所難也學政於所使地閱歲而再遍其地形土俗物產已周悉而孰察而文

武官吏郡數十人其校試所錄且數百人又日接而諏訪之審民情僞以察政治得失而圖補救於時不更易於守土之吏乎吾同年友王君梅岑學純而行謹見遠而蓄深毅然有當世之志今奉命視學山西職事所宜脩固無弛而不舉之患而周歷之頃循職之暇左瞻太行右臨大河北攬邊關峘嶽之壯誦唐魏之詩引奇儁士與游處曠然高望深究時事之廢壞求所以拯濟之與守土之吏擇所宜施歸而獻之天子尤朝廷所望於使者而梅岑生平懷負思得當以報朝廷優禮詞臣之意亦將於是行也見之矣

送陳雨民序

雨民故世族家既落父母亦老而多疾自其幼時即力苦奉親稍長益奔走四方以取給事之賤且煩者弗敢擇也險阨渴饑寒暍厲疫人所不能堪者弗敢辟也未嘗就傅讀書而性獨好之動輒

挾筴稍休卽展觀人苟勝我必質所疑予延之家使教吾子益恣
志於篇籍易書詩爾雅孝經論語春秋左氏傳孟子小戴禮記皆
讀其注疏因稍及國朝考據家之說而司馬歐陽之史旁及新城
王氏桐城姚氏所纂詩古文辭亦能舉其大指閒爲文無世俗氣
而於挾以干有司所謂時文者則固未之見也光緒十年至予家
積八年十七年冬辭去其在吾家而教吾子也人多笑之非唯人
笑之雖以予之嘉其志學知之深聚處之久其徒聞其去皆泣猶
以其不知干時之學而不能留也嗚呼舍書而不觀獨業所謂時
文業未及精幸與於秀才科目之列以教授鄉里爲眾所宗仰者
皆是也樸學如雨民顧不能取重於人然則樸學之無所用於世
也決矣

書范肯堂書日本高松保郎上使臣書後

海西之說興從而效者多富强中國士大夫未嘗深求其故輒亞其異己而賓之適其說者又或豔彼目前之效而厭所蹈習謂不復可與有爲山東鄭東甫嘗爲文辨之以爲彼在今爲極盛而吾道則適際其衰此寸木高於岑樓之類也因窮探根源竟其所歸以衡決得失而抑彼以尊我予既讀而偉之日本舊服習於中國激憤於積弱舍而惟西說之從肯堂此文則因其一端之猶近吾道而惜其誤用慨然欲誘而正之所見與東甫略同其設心尤厚予固嘗聞西說而喜稱道之矣讀二子之文因復自疑焉

雜說

陰陽能生殺物物知陰陽性也知而向避之知與才也草木生以陰陽其死亦以陰陽禽獸知於草木而才矣時其旅舍其巧者巢木而穴土陰陽莫之戕人與草木禽獸均之生也既室其居而衣

其體矣而所假以禦寒暑者器罔弗具恣力所至可以易陰陽以自適其生其於禽獸不尤知大而才多乎然而徵物類之性以考天時則人不如禽獸禽獸不如草木則巢穴宮室衣服之類亂之也無知與才無以遂其性有知與才而縱而不反變而無窮遂以蔽其性而忘其初

有視以文者曰學西漢而爲者也讀之體弛節浮半散而氣不舉私謂不然質之名知文者皆曰誠漢人文怪之後見爲是文者則果學西漢者也人以能書稱其書傳與友觀之友曰取法歐陽信本余視之直如削詘如附神木而理不從構若編槀以友言爲妄質之名知書者皆如友言怪之後見爲是書者則異法歐陽者也夫求古人者遇以神也淺者不能見也貌肖之抑其次也絲其貌矣而猶以爲類不約而所見同人心之蔽狃於見聞莫測所由然

然則天下之事去理彌遠且反之而羣以爲是久歷無異辭雖強
有力莫能矯又何怪也與

魏母賀太恭人壽序 代

光緒十七年秋祖誥歸自雲南省母曹縣季弟健亭任所而謀所
以壽吾母者母曰汝從母春秋七十有三長我三年而體健於我
子孫多且賢始以節孝旌於朝今以姪官貤封太恭人既榮既安
吾蓋慕思之而不得見某月日爲其生日汝其往省因以壽之而
次及於我祖誥敬諾既省太恭人以母命告內弟潮誦芬貤封太
恭人者及太恭人嗣子鍾駿適齋皆諾而以祝嘏之辭相屬適齋
曰吾父沒時鍾駿尚幼王母久病吾母晝夜侍所欲先意而從所
需未求而給卽有不潔輒以手承無旁貸無暫休終如其始而日
用所有事無外內巨瑣躬攝之不以難阻不以勞怠及鍾駿之壯

家固再成而吾母則既老矣以今日守之之易思往日當之之難吾固願述之以示子孫誦芬曰吾王父没叔父幼母没潮幼繼母没諸弟妹皆幼吾姑時來經紀吾家其撫諸幼一如撫其孤此吾姑之有造吾家吾固願述之而使吾家之不忘也祖誥曰兩君所述雖篤學敦行之君子勉强從事莫之能過可謂極天下之至難然家室骨肉之際踐恆席順賢知不能自表異號爲卓絶以特行稱必所遭有不幸者矣數陳懿美而適以觸其夙痛既非所以爲娱而推揚而則效之無閒兩君之説者徧於族里姻黨太恭人初不自言其摯性謙德尤非恆情所能測嘵嘵然稱道於前又惡能稱其量而少有當於其志哉吾母從父兄弟五人姊妹亦五人太恭人爲長吾舅嘗曰吾姊聰敏温厚吾兄弟不逮遠甚由是皆尊事伯姊而時有所咨承諸舅子孫盛多男婦數十人亦皆知敬而

愛之長者侍坐幼者搴衣惟恐來之不數而去之或遠而太恭人孫曾男女十餘人亦皆能遵蹈所教恂恂怡怡朝夕侍側春秋既高家事則委之子孫時往來兩家以爲娛康愉悅豫不見憂嘆之色者蓋十餘年矣子孫多未嘗斯須去左右於母家則身閱六世親愛罔閒此其所遭際豈非人生至願而不能期其必得者哉夫虛詞禱媚既有類世俗所爲而稱述艱苦又非所以娛老人即見所處境之至可樂者質言之於盛德則無以推闡要爲太恭人所樂聞誦芬欲報其姑適齋欲報其母舍此蓋莫由矣而祖詒奔走仕宦求如適齋之安養於家而不可得既爲從母壽而所以壽吾母者則歉焉而無以爲辭今又將南去書此文寄健亭俾獻吾母慰吾母思姊之懷因以視吾兄弟使知親所樂者固在此而不在彼也

書常乃亭齋壁

常君性嗜書購置甚衆吾家舊以藏書著稱君所有乃幾倍吾家國朝諸巨儒所校勘武英殿所刊印及其他號稱善本者多有之而宋元明初舊刻則視吾家爲少濤與君同嗜既各以所有自矜亦頗欲通其有無而交賞互嘲甚或相喧爭卒以不能出所愛而罷然獲有奇異則必相質賞終不肯少自祕也定州王氏收蓄尤富積有六七千帙而吾師桐城先生主蓮池書院講席其書尤多善本予自冀如京師出西道則抵王氏謁吳先生出東道則過君家以不足慕戀之官數至京始頗厭苦既得覩二家書則又以往來於京爲快光緒十八年十月自京至君家君適他出而新得書數種置案上皆吾所未見者大喜信宿其齋中而去而吾行篋所攜書有元刊稽古錄爲君購者留君齋其某書某書則君所夙慕

而吾購之欲質之君者固不能爲君留也

武昌張先生七十壽序

光緒十八年武昌先生春秋七十門人謀所以壽之而以其辭屬濤以文壽先生門人之職通州范君肯堂蓋豫爲之矣其意以爲公卿貴人皆終其身於憂患先生未嘗求知於人故能不踐窮通之途以自適所樂令學者毋戚戚於先生之遭先生之南歸也濤嘗敘文章之說以祖行以爲漢末文弊至韓退之始起而振之因歷推其盛衰之故先生以爲知言隱退高天下文章詔來世學者所以宗仰先生濤所爲敘肯堂之壽言既發明之矣復取而陳之不已贅乎先生嘗語濤曰吾文不逮古人十一而所書則獨與古會非唐後諸家所能到然未嘗輕以其法語人恐其駭且怪也嘗即先生之意推之西漢人無不善於文觀子長孟堅所爲史詔冊

章疏辭賦載之甚備其善者蓋原於詩書而交游贈酬官府教條下逮有司絜合決讞之詞亦無不彬彬焉質有其文豈非去古未遠而屬書離辭之法有所承受而然哉法之既失才學之士抉精炫富疲一世以從事著述曾不能與古者微淺之事觕質之辭相較惟書亦然三代器物之銘秦之刻石皆古聖哲所爲漢魏來名能書者固猶得其神質而鄉里墓社之所稱述浮圖老子之所錄記苟被之金石雖其義至淺其語至陋而古人爲書遺意往往有幾微之存蓋書之體雖屢更而更之之始固不能盡亡其舊故法之傳自古者人猶得据所見而求之唐以後其法寖失仿古者至質而止不能上溯又或雜以己見轉而相歧其書愈工其去古愈遠先生取法北魏而隸於漢篆於秦以上契乎取象造體之恉而古法遂得其眞文之衰也退之振以三代西漢之文三代西漢之

文自在也當其時人猶怪之先生之書乃悟其法於灰塵侵蝕漶浸斷缺不可辨識之碑碣其難殆倍於退之人之怪之也其又奚疑嘉興沈子培嗜先生書如性命恐人之不知也欲著文以明其恉趣且屬濤爲之濤不敢任則以書請於先生以謂古之論書者多儷詞韻語言其形似後人無由悟入若舉斯邕以至歐褚諸家遞相傳授之法後人所以失而先生所以得者以退之論文之法論之固斯世不可少之文也先生猶未及爲故因先生之壽託祝嘏之辭私述其說以獻然其所述乃舉聞見於先生者言其當然耳其所以然之故既不可得而聞固不敢妄竊而臆撰也先生若嘉其意而允其向所請者別爲說以示之俾學者知仿古之必以法求因而推之學問之事道德之塗則退之之功再見雖有駭且經者將回首相向而肯堂所謂不相知更不必爲先生慮矣

上張先生書

見會叔世兄詢知杖履綏愉不勝拜禱先生壽辰門人宜以文祝肯堂先之其文甚高恐無以相勝遂輟弗為及來京師同門復以相强且述師命則又不敢固辭乃即夙所聞於先生者推衍成章識陋辭蕪懼失傳恉儻嘉其意而不責其誤顧而一笑則亦未始非會叔登堂祝嘏之一助也吾父春秋六十有八繼母陳太恭人五十有七再踰年將稱慶京師以壽之獲居門下而父母盛德大慶不見於先生之文是自外於門牆而不敬其親也敢不重以請乎吾父性寬簡於事攬其大者不苛小然必日有所執以為娛於財重取輕予無浮靡亦不計多寡有無於人雖甚愛憎言色不踰其量告人以過必盡以事交不疑人欺我無嫌忌於人人有嫌忌輒弭之使不自覺故同居及嘗所往來者初不見德後乃思之先

生居保定時吾父以事至府數相過從吾父性行先生固知之濤所述直十一耳吾母來歸濤年十一弟及兩妹皆幼今三十年諸子不知母非生我亦不知諸子之非所生雖人之稱吾母者亦第尊其爲母之道以謂非世俗所能及非因其愛如所生而始從而善之也始吾父假館四方母兼綜內外事有所難處體有所不適未嘗使吾父及濤等知之恐奪其爲學之志濤等取婦生子猶親操作以迄於今勤劬如故濤等諫止之則曰吾職宜爾於子女亦皆教以職所宜盡不得計利害妄有辟就平生未嘗讀書所言往往與儒者之說合所爲則皆如所言小子不才於家教不能尊奉一二所獲微官無以養抑莫由顯揚若得先生文獻之堂上因以夸戚黨僚友竊自以爲榮於誥封先生於濤既勖以文行掖之使進因壽其父母益誨以事親之道當爲先生所樂爲先生書法海

內所寶若錫之文辭復重以手書俾爲傳家重器則所以寵榮其親而貺我賀氏者益無窮已先生何所靳而不卒其所施邪凡書所須世兄許代具隨地所有用其絕美者文成後由世兄請命

書旌表列婦李恭人事狀後

光緒十八年某月刑部郎中青縣陳君墀蓀卒於官其妻李恭人以身殉鄉人官京師者具事狀以聞旌表如例因以其事狀徵文武强賀濤書其後曰近世士大夫不敦節操所遭既窮往往迫而思軼無過而非焉者風習使然也而女子之堅確不奪其志者獨多陰教不講久矣女婦所職循奉者鮮無過而非焉者亦風習使然也而從一而終之義則獨不斁而能薦紳之族夫死更適者百無一二其烈者至以身殉獨非風習使然乎先王之禮所以儆戒女子而閑抑之者可謂至嚴而夫死則未嘗責以不去以爲人情

所難也今之女子於人情所難先王所不責者相習而成風則禮之在日用而易於從事者獨不可勉而幾乎女子猶克以禮自勉而謂讀書達義之君子不能堅忍其志以守所學吾不信也恭人之懿德烈行既具於事狀不復述爲發斯義以見人情狃於所習善惡隨之轉移士君子欲自立以治其家者慎勿苟於自恕也

書雷壽母傳後

吾弟既爲縣上杭有書來必稱縣人雷君瑩谷之賢雷氏縣之望族人所推信解紛周匱及有大繇役倚以集事時有補吾弟之政其修縣城瑩谷實贊之壽母瑩谷之曾祖母也傳稱咸豐同治間賊再犯縣境壽母令子弟募士人禦之境賴以安又出家財餉軍修城築礮臺皆獨任其事事之濟於人而以財集者殆無不爲嗚呼軍興以來佔畢之儒豪俠之士往往起鄉兵討賊尤盛者遂克

有功而比年水旱之災官所振撫多取之富室其急公義者或自齎財以救遠方此皆朝廷所嘉予百姓所仰賴守土之吏所當尊禮者也而壽毋以一女子皆倡爲之子孫承其志勇於見義以惠一方官與民交受其益宜吾弟稱之亟也嚳谷之入都以吾弟書來與壽交甚歡其人敦篤可信仗益信傳之紀實而吾弟所言之非虛矣

冀州開渠記

滏水自西南來至州北境折而東横亘衡水界中縣城俯其南竝岸而西四五里左轉至州城東地汙下廣五里狹亦不減三里北二十餘里隸於縣者名衡水窪南十餘里隸於州者名海子州東北之水瀠匯焉城西十餘里少北有泊名尉遲潭水之來自西南者委之不能容則溢而旁趨與東北之水會而城南之九龍口亦

受州南之水挾以東注眾水所瀦遂爲巨浸乾隆閒方敏恪公道使人鑿立閘以爲閉縱嘉慶道光閒猶稍疏瀹後棄不脩閘亦圮壞水遂奠而不行而冀東衡南之地無阡壟疃畛而爲耒鎛所不加者蓋十餘萬畝也桐城吳摯甫先生既知州事欲開渠通鑿復方敏恪公舊迹亦未嘗不慮民力之彫敝官帑之匱竭而懼功之未易就也後行部按巡其地水方盛縱橫演迤於數十里中念疲氓久罹重災怛焉閔傷不能自已光緒十年二月興工經始於下流遞進而南抱城右旋過九龍口北迤西達尉遲潭六十餘里十月工畢明年復深之又明年廣之廣七丈餘底殺三之二深丈餘隄高五尺厚倍之或三之置橋八於舊閘處設閘高二丈四尺六分去一以爲廣費白金十萬兩司其事者州人張君廷湘張君增鹽縣人馬君景麟劉君玉山深張君廷楨武強賀君嘉枏先生之

錫蘇君必壽諸君皆佔畢之士性樸而力勤賦丈受役縮盈汰冗人毋刻依材不寸竟既訖功有久治河者見之歎曰此役屬他人者非三十萬金不能卒事也渠善滋歲請白金二千兩於鹽運使爲修濬之費後又置白金萬兩取息助工仍屬其事於州人與斯役者使賀君定章約以爲經法水既有歸田皆沃饒今七八年所獲倍蓰所費而夏秋水盛舟楫往來商旅稱便州境遂富於初工之初興人苦煩擾或妨其私怨讟並作至是皆歌頌之時國用空乏行省鮮倚餘大災要工猶不能贍冀以辟左之地故無河害事非所急而遽思興作仰給於官議者頗疑事之不集先生躬謁大府退而上書執格則更端以進違覆十反制軍合肥相國李公故重先生而先生仁民恤患迫於誠心者尤足感人故終聽先生所爲人不得而閒之而其功遂成吏治積壞久矣其號稱良能率如

職而止或擇事有美名易見功絕無怨咨者張皇之動人耳目而實無裨於民至於利害所在元元託命而爲之甚難且易得過不爲亦不虧所職則漠然不以屑意官勤而事愈廢政美而民愈困豈非俗吏拘文法而循吏多僞飾爲埶所必至者哉先生獨行志學無所趨畏苟利於民雖簿書所不責計課不以此殿最無速功近效而不悅於人甚或忤上官之恉亦必毅然爲之以要其成故所措施於州者恒有百年之利若責以吏事參之時論則較號稱良能舉高第而得顯名者或不逮也濤懼先生所爲或不見諒於時故推言之以明先生之志至於新溳之利效已驗自無煩深論謹述顛末俾後人毋忘其始善持其終而已而州人士心先生之心造福鄉里其功勤不可沒亦備列焉

[illegible]氏族[illegible]

吾兄弟四人妹次第三而於女兄弟爲長明惠而端謹父與繼母愛而異之以爲勝其兄遠甚其王姑及舅尤賢之特殊於諸女婦雖諸男猶或不逮也妹生四年與羣兒嬉傷目百日方能視物後數年得疾目傷亦復發沈錮淹滯久且益憊以至於亡三十年間無須臾之適逢令節嘉事時或隨衆一笑以慰父母已復蹙額夫家老幼數十人禮繁而事紛亡其兩姑所遺子女皆依於嫂妹以羸軀當之不少閒缺疲極則困卧時有沴疫殆無不感染委頓牀席動累旬月苟能起執勤如故母憐之凡妹身所須及其家所須待妹而具者資給之以分其勞歸省則使靜息一室代所宜爲與家人言及輒欷歔不禁而與妹言則必誡以勉循所職不得以病自委妹亦善體母意在母前於事一一不聞問既歸則操作如常人後疾益增劇卧一百餘日始能坐又一百餘日始能步未幾復發

遂以不起享年四十時光緒十八年二月也嗚呼吾母之誡吾妹與妹所自盡以承母者非復世俗兒女之私烏知妹生之可悲而母之悲之反甚於世俗之情邪爲辭述之達母與妹之志以塞母悲且抒吾哀其辭曰

在室致愛於父母歸則得舅姑之歡既手足於兄弟其叔妹亦得嫂乃安德匹夫子男馴女嫺遇罔弗若天命所慳命既我畀心無勞慱胡身不康百病交作損所適口託命於藥神不宅體魂悸夢愕心目所營志前力卻暵溼燠寒時復外鑠其生蓋四十年而無一日得生人之樂天之命之者其厚邪薄邪命之既薄而德則豐事無洪瑣一埤我躬力索猶强所職必共其性固爾亦惟母命之從母命以正母心則忡女不母負母尤女恫女生可悲而死無憾而母之悲女且無窮矣嗚呼哀哉曷其有終

徐母劉太宜人六十壽序

古不異國而仕奔走王事而父母之養無缺後世不得官於其鄉辭家遠出久而弗歸父母不忍捐子之意冀其有以榮我也亦忿所往不問而塗塞俗異鮮克相從生長畿甸游宦京朝迎親爲易矣又或以祿入不豐志絀於力其不能受子之養也同榮親以虛名而闕其定省有子而仕壹如無子韓退之所謂子不在側而父母之心樂者殆據後世之勢姑爲之辭而父母所不樂者固無說以處之也濤素持此論歎士君子宦爲吏者所處之難聞者多慨然而濤竊身輦轂弟服政領外吾父母竟如所論莫就一子之養同年友天津徐鞠人編修奉母劉太宜人居京師濤每至其家登堂拜謁退未嘗不發恨而自愧也鞠人性純泊不汲汲榮利喜讀宋賢書嘗與濤書曰久別吾則不恨相見於稠人廣坐酬答之頃

所欲言不敢發雖聚猶別是可恨耳閒嘗問所欲言則皆身心學問之事曰吾母之志也因述母氏之賢蓋徐氏世業儒而甚貧至鞠人之祖家乃給饒太宜人任煩拾瑣既勞既恪如未富時鞠人幼失怙家中落太宜人即處而安憂不形色如未貧時就養京師滅所宜增勤不少閒如未貴時鞠人曰吾既拙於逢時又涵育於家教故能委身仕塗不愆吾素吾觀鞠人志行與所承教於母者而歎吾向者之說猶未盡人情之變也寒素之士無養地以自見假口親老不擇祿之說自貶以鬻於世既獲所期則益忘其本志酣恣而不反以放其無等之欲而遂敗身名者往往而有以爲榮人適辱之以爲養未必果爲親所安也今鞠人既朝夕奉親無歉於其志而太宜人秉儉素之德以爲教又於世無營求從容學問肆力道德之場循其所至蓋未可量則所以顯親者更有在矣尚

何榮利之足云光緒十八年十二月八日爲太宜人六十壽辰同年諸子將貿諸其家而以其辭屬濤濤受教父母無異鞠人而不能爲鞠人所爲吾愧實甚奚以辭爲而靦然爲之而弗辭者吾父母年亦至矣冀鞠人之還而相壽而因以教我所不能也

戴鏡源先生墓表 代

先生姓戴氏諱廣涵字鏡源號悔庵先世自浙之某縣遷滄州世有科第爲州望族先生性純泊既領鄉薦絕意仕進從政門內事父與繼母朝夕在側不命之退不敢退應使給需未嘗失指年五十餘猶有嬰兒之慕親沒五日一哭奠至於服除哀如初喪兄弟六人以道義相切劘無違言無忤色子弟亦服習其教雍雍如也先生雖遺外世事而鄉里善舉或有急難力所及無不爲一準以義不以利害遷就事成不任受德曰吾所當爲耳性好學諸經皆

有解說尤喜宋儒之書深究而力踐之某於某年從先生游時先
生已老而劬學如故雞鳴而興夜分而寢雖疾病不輟臨終猶著
病中錄以自勉古所稱爲己之學先生其庶幾焉卒於光緒十年
正月八日春秋七十有九某年月日葬於某曾祖某某官妣氏某
王父某某官妣氏某父霖蒼某官妣氏任繼妣氏劉娶李氏繼娶
左氏子序屏序成女四皆適士族孫某某漢取士法與古近行脩
者輒得稱舉故其時勉爲君子者獨多後世以文藝制科士行非
所重矣而高明博雅之儒之飭其行者則取資徒友以扶匡其德
而游揚其聲或且著書以自見雖名質行而文采益章若夫閭巷
敦樸之士既不思見用於世交游稱譽復非所期斤斤焉以儒先
之說自程督而質闇以終其身以視勸於利動於名有所爲而爲
者其厲志獨苦其進德蓋尤難而人顧莫之稱述則以非世所重

忽而易之亘其既述先生性行而歎其爲之之難欲使忽而易者因難而知所重世風庶幾可挽至於先生之志則獨行所安而已烏嘗汲汲於人之知哉

嚴烈女墓表

烈女姓嚴氏深州人也王父懋功附貢生父啟鵬附生母郭氏捻匪犯州界家人奔避止於女外祖家所居阻水賊至登舟避之既免而王父以墮水病甚命家人曰賊且復來吾憊不能行當獨留家人且他適及死無爲也女不可王父趣之不聽遂俱留越二日賊果復來家人幸脫王父病亦旋瘳獨女以罵賊死時同治七年二月五日也女生十六年矣其叔父斂之葬嚴氏墓側當王父命家人他適也危急駭恐之際眾倉卒不能決女以弱歲女子既未知以義斷去留事之利害又非所計獨以不忍於王父毅然不肯

去其至性已過絕人而以一人之死王父老病之軀遇危險得無恙家人亦以不去之故不失爲仁孝而無遺憾後責其所全者尤大也較之邂逅捐軀而以節著者不愈足稱哉女初受同郡李氏子某聘女死踰年李氏子亦死越二十年光緒某年李氏葬其子請以女祔且爲置後遷葬嫁殤禮之所禁後世且沿以爲俗其迫於情事士大夫家有爲之者矣君子莫之譏也女於李氏子固生前所媒定又皆死與禮所禁亦有別而其死也有功於其家家人尤不忍殤之遂以某月日遷女柩葬於李氏之阡孔子不殤汪錡重其死也於烈女之祔葬又何閒焉女兩叔父斂女而葬之者名化鵬武進士官京師與予善乞予文以表墓者也

論左傳

左氏於春秋具其事而已曷嘗爲之例而釋其辭哉其例而釋之

者劉歆之爲也吾觀太史公班孟堅所論述孔子作春秋左氏蓋身與其事後乃因孔子所據之史參之列邦紀載更爲一書亦名春秋故太史公引與虞氏春秋呂氏春秋竝列而未嘗與公羊穀梁諸家同稱其曰左丘失明厥有國語則更儕之古之發憤著書者知其非說經者流也然其所以爲書之指則因春秋不以書見者弟子口授傳指退而異言故爲之具其事以著善惡之迹俾私見臆說不得參與其閒故亦謂之春秋傳謂可據其事以證春秋也何必撰說經之例破文析義如後世經師之爲哉況其所紀述或不涉於經其見於經者又或闕略不載互備其事而不相坿甚各爲一書而非自託於經也益可見矣藝文志於諸家經皆著錄於春秋乃惟錄公羊穀梁二家經無左氏非其明證與閒嘗以爲春秋文成數萬其指數千事實不著說雖多而不明事實既著時

埶情僞之不同可以曲通其意因事而爲之例必有底滯而不達者矣且左氏好惡同於孔子所據之史又同春秋之意固自寓於所敘述之中而論而著之矣乃復取所論著者從而爲之辭以自明其作意此淺學自喜者所爲而謂左氏爲之乎左氏既未嘗爲例以釋經又以免時難其書晚出故無經師遞傳之法其傳之者張蒼賈誼而已非經師也信口說而背傳記是末師而非往古漢儒之通患公羊穀梁既以口說相承立之學官習而安之矣故曰左氏之無師法不肯深求其故因其無釋經之辭也遂以爲不傳春秋此殆漢人相傳之語不但成哀時博士爲然也其後范升指難左氏亦以爲左氏不祖孔子而出於丘明若明明旁緣經文五例而釋之矣雖淺深純駁有可指議烏得云不祖孔子不傳春秋哉劉歆使鄭興爲條例以治左氏賈徽亦爲左氏條例二十餘篇

穎容又爲條例五萬餘言章句訓詁無藉條例條例爲治經設也當時公羊穀梁盛行其大師講授初無條例以二家本有條例也治左氏者絕少而治之者必爲之條例以左氏本無條例也漢置博士初立公羊春秋施孟易歐陽尚書其後復立穀梁梁邱京大小夏侯漢儒雖黨同妬道諸家異說未嘗不并行也獨至左氏成帝時爭之哀帝時爭之王莽時暫立矣光武時復大爭之依違數世卒不得立夫非穀梁梁邱京大小夏侯之比哉而顧排折之若是豈非以其自爲一書不與經文相比而爲儒者所藉口哉班氏又謂左氏傳學者初傳訓詁而已至歆治左氏引傳文以解經轉相發明此可見傳不解經其解之者劉歆所爲也傳詳言隱公所由立後復言其將授桓歆以爲此經不書卽位之故也因解之曰攝也經曰公及邾儀父盟于蔑傳曰邾子知儀父之爲君曰克知

儀父之爲字曰公欲求好知經之所以貴之所謂引傳文以解經也其曰未王命故不書爵及知稱字之爲貴則互參曲證而以義斷之所謂轉相發明也段之不弟如二君鄭莊之失教皆傳意也歆以爲此經之所以稱段稱克稱鄭伯也此引傳文以解經也其曰謂之鄭志不言出奔難之者則傳外之意引而申之亦所謂轉相發明也賈徽既從歆受左氏子逵傳其業爲左氏解詁并釋歆所爲者服虔因之亦并歆所爲於傳內東漢時人猶知之故其時訟爭左氏祇言所紀之事未嘗及其說經而班氏亦得分析言之如此自賈服之說行歆所爲者不可復別而左氏遂爲說經之書矣方望溪以爲周官怪迂之事皆劉歆承王莽意竄入之其說既允矣於左氏有所坿益又何足怪乎然其妄爲傳會非傳意亦非經意者十二其自相抵牾亦十一

復吳先生書

讀手書知吾父到省遲承眷惠並許爲壽言勉其子以事親之道恩德至厚不敢言謝敬矢於中而已伏惟福體康綏所論左氏謂凡例爲劉歆所爲先生意不謂然而亦以爲後人所託但不知在歆前後令得達復聞命慚愧深悔所言無據反復思之乃仍欲守其前說而妄有所陳謂爲之者在歆以前坿於傳邪歆時博士不得斥左氏不傳春秋范升亦不得云不祖孔子不坿於傳而別行邪則治左氏者已解經矣班氏何得云解經始於劉歆且歆後治左氏者多宗歆必不肯取他說入傳其坿之傳當在何時如謂雖有其書當時儒者或未之見歆猶未見賈逵承歆學安得以坿於傳而釋之歆前之無其說也決矣若以爲在歆後則與賈服同時更不得爲之解詁此尤可決其不然故疑其爲歆之爲之而賈逵

入之傳耳歆創通大義所爲說同多賈入之傳者特治經凡例餘
說固別行也杜氏所見殆指別行者言或賈服所稱述杜治左氏
首重凡例故曰傳之義例總歸諸凡蓋未悟其出自後人後人假
託古書而人不悟者甚多通人偶蔽不足爲病今謂劉歆爲之杜
必疑而致辨不辨不得爲左氏忠臣同是後人所爲也何出自劉
歆則當辨而出自他人遂不必辨邪先生之意蓋以劉歆通儒不
當妄爲傳會漢儒多傳會洪範五行劉氏父子治之尤深先生亦
嘗譏之而終以歆爲通儒傳會洪範不足爲通儒累傳會左氏將
爲通儒累乎況坿其說於傳乃賈逵所爲歆特因傳所紀事撰治
經條例耳固未嘗增竄左氏之文也此亦與假託古書者不同若
以其說時或穿鑿淺陋劉歆當不至是古書往往純駁互見公羊
穀梁出七十子後口說相承其穿鑿淺陋者多矣而終不失爲一

家之學此尤不足爲歆病濤學術謭陋經義尤疏此皆臆說未有確據然私以爲左氏自有凡例則已必謂出於後人則惟謂劉歆爲之賈逵以入於傳爲近理否則鄭興賈徽所爲與徽條例亦歆使爲之論中所謂淺學自喜乃謂左氏與春秋同惜解經乃自解也故近於淺學自喜蓋抉左氏之未嘗解經非謂凡解經者皆淺學自喜也羊斟之事如先生說爲後人羼入無疑古書同記一事而相歧者甚多三傳於春秋史記於左國漢書於史記往往因一字之訛遂以相遠無由斷其是非從其近理者而已左氏既自爲一書其綜一事之本末不盡依經之次弟或後經以追敘前事或先經以終之後人强與經坿遂多割裂先生所疑僖五年事卽其類也而濤之私見則徽與先生不同經書殺申生在僖五年春而傳在四年十二月此必左氏則有見聞并存記異亦如史記紀傳

時有不同也尋繹傳文申生之死重耳之奔乃一時事辭義續而不斷後人見經傳不同時疑經從告故於五年春增入晉侯使以殺太子申生之故來告之語以此語之縣而無薄遂割伐蒲事以隸此語之後文義已不相屬而傳所載視朔事在正月朔又不可居後於是申生之死重耳之奔遂為所斷而分為兩時事矣先生謂後人羼入視朔事離絕晉事濤疑視朔事為左氏本文其離絕晉事者後人遷就經傳之年月而為之也此與羊斟之說固皆後人增竄然與說經無涉自非劉歆所為先生鈔左傳不盡依近世通行本次弟想多更正猥不一讀之也山東鄭東甫刑部杲合三傳以治春秋用二傳之例而不用其說用左傳之事而不用其例以為春秋乃決讞之辭二傳如律令左氏其供狀也深信左氏而不用其例亦可謂有特識矣方望溪謂劉歆增竄周官其說固不

足據然亦不敢決其必無是事莽干天位猶勉埘之莽改聖經顧敢違之乎公孫祿言莽儌政謂國師顛倒五經毀師法與孫陽造井田僭匡設六筦並稱皆實指其事則歆於諸經必有承莽意爲之竄亂者有所刦而爲不足累其文學惜死在莽前未及更正從遂有沿用而不可復辨者耳撰左氏凡例自與此有别論中援以爲證不類當删之濤性愚妄又屢誘之使言徑展私臆無所依違伏望容其不遜而指示其謬明允本假山記亦望以先生之意告之

冀州直隸州知州牛君壽序

道光中人狃治安窳惰不振官職解弛患乃萌伏軍旅既興民用重困朝廷懲鑒已往既戡大難思與更始以蠶轂重地四方所觀聽也命故大學士曾公自兩江移督直隸用康黎庶奠我邦畿曾

公以門人故吏八人自隨其州縣吏若湖南游公子岱安徽吳先生摯甫江蘇趙君惠甫志操才學冠絕等倫而舊官直隸者若奉天李公鑑堂湖北劉公崑圃亦以治行尤異聲烈四馳會公仰體朝廷之意以諸公布列要地庇休疲氓合肥相國李公繼曾公督直隸益以民事爲急甄錄良能而畿輔吏治遂爲天下最諸公旣多擢顯秩以去良能輩出相接於二三十年之閒而河南牛君最後而名最著君以知縣官直隸始見奇於張靖達公李公至益倚仗之事艱責重輒以相屬屢治劇邑紛理隳舉光緒十八年擢知冀州冀爲李公及吳先生舊治訪求故迹整而振之創行其所未爲淬精厲氣新故畢張濤主其書院講席每相見必稱述鄉里情狀匿情細故無不周察喜怒形於言色然後知君之心乎斯民誠而求之而衆人所稱述猶未得其深也古者治民之道與凡教養

之法羣經百民所載略備矣其施之民而有事實可徵至漢書始詳言之以民事爲當時所重也漢之令長親民之官郡守國相則兼今之府與司道所職非獨臨民矣其傳循吏乃止言教養之事纖微無不具京兆馮翊扶風秩益尊顯而趙廣漢張敞尹翁歸之屬見稱於時者亦惟治民方略至於薛宣朱博身備宰相爲漢名臣乃具書爲郡守時治狀豈非以漢重民事九卿或試以治民其入爲公卿者亦多由守相而名臣幹略未有不嫻於民事者與今朝廷軫念民艱吏治修舉以君之閎識偉抱亦斂其才知循職守法懇懇焉爲閭閻謀纖悉不憚煩猥可謂知所重矣治冀之明年德惠翔洽衆聲大驩其六月二十七日爲君誕降之辰自君之佐及所屬文武吏將稱觴以賀而德配孫淑人以勤約和謹治家俾君不以家自累得一意民事凡君善政多贊成之欲因壽君者兼

請淑人而以其辭屬濤濤爲述朝廷恩德及畿輔吏治之盛而君之心平斯民所張施錯注尤可方古循良匪唯慶君蓋爲斯民生際斯時者慶耳但恐君政既成將如鄉所稱數公者擢顯秩以去爲國家重寄非吾冀民所得私也

授經堂記

古者書用竹帛流播爲難楮墨稍省易矣而述作日益繁操觚者猶艱於從事故韓起觀書於魯然後知周禮漢東平王求諸子太史公書於京師而不能得唐時訪求一書猶或遲之數十年始得一見而史及諸家所纂目錄由今考之無其書者強半其難得而易亡如此自鋟板之法行流衍者多易於求取而時勢遷貿數百年舊物蓋亦無幾存國朝崇尚文學詔求遺書校刊宣布而魁儒碩學乃益討訪珍祕拾闕綴殘所考定皆號稱精絕乾嘉之際文

學可謂極盛而吳越爲人文淵藪通儒輩起輝蔚東南故四庫書成特頒之揚州鎭江杭州以贍多士是時海內富安巨室盛族爭相慕效搜奇詫博習而成風藏書之富爲四方所不及自粵賊蹂躪江浙十餘年閒薦紳轉徙百物灰燼而書籍亦遂盪無留遺大難既平諸行省設局刊書學者頗修復舊業而鄉時所稱精本已不可多覯其宋元舊刊則益更索無所尊之爲彝鼎而購世未必一遇也諸暨陳蓉曙編修劭學嗜古孜孜如不及其先世當明嘉靖時有官廣西布政使者聚書五萬卷構授經堂度書其中當時稱學皆借書其家爲之點勘其孫章侯先生國初時隱於禪世稱老遲先生者有授經堂詩文集康熙初堂燬於兵火書亦亡蓉曙之祖旣築堂藏書以復舊而蓉曙之父課子於堂遂繪授經圖徵時賢題詠士林盛傳其事粵賊之亂東南騷動陳氏獨安居講誦

於堂弗輟余小頗觀察賦詩稱之而堂與書又卒毀於兵火蓉曙與其族子耐安俱以文著大吏爭迎聘以其所得作室故居旁以積書復得數萬卷俞曲園先生以舊額題之而堂復興蓉曙雖官京師而所謂授經堂者念不能忘嘗欲罷官旋里讀書堂中以無失先志迫於人事而未果也輒用自恨濤既得觀授經圖讀諸公題詠慨焉慕之蓉曙爲詳述其事曰子爲我記其始末將鐫之堂壁以志吾恨而視子孫吾感蓉曙之能復故業因推古今世運之變以見書之易散而難聚其力能聚者固宜捃輯而護愛之矣然古人得書之難十百後人而後人之學乃遠不逮古人則又以知學問之事精專是務其博收兼取以富蓄藏者蓋猶不足貴也吾會王父購書七萬餘卷其後歲有所增今幾百年書固無恙濤所遭視蓉曙爲幸然蓉曙之學得於古者已深濤猶茫乎未有聞見

耆臞引以爲恨益足徵其好古之誠而濤所自幸乃其所可愧者與耐安名偉舉人亦嗜學著經說十二卷讀禮隨筆八卷早沒蓋有功於斯堂而耆臞所痛惜者也光緒十九年六月武強賀濤記

于君吉庵墓志銘

君姓于氏諱爲儀字吉庵山東福山人恩貢生以子官封中憲大夫配王氏封恭人曾祖汨妣氏鹿姜祖執中妣氏孫牟父公槐拔貢臨江府知府妣氏柳王王趙贈封皆恭人曾祖祖以君父官贈朝議大夫妣恭人君少有至性事父母以孝稱居喪如禮父母沒推所以事父母者於繼母以上及祖母喪亦如之母沒時君年十四十年之閒迭遭大故兄有疾不能治事君一以身任哀戚之際綜理庶務家以無隕君父罷官歸舉故所分產予伯父君得其分券焚之曰恐後人挾此啟爭君與兄析產時得故所居室曰兄病

力不能爲室以讓兄而留與同居兄子旣成立乃去君性剛果見義勇爲遇危困志氣愈厲廉於財而施予無所惜赴人阨難不待請爲人判曲直皆服有相爭者輒於君取決而不聞於官鄉里有事爲設方略或倡爲之事罔不濟由是遠近宗仰知君可倚仗矣咸豐十一年捻匪犯縣境君以鄉民與戰瀕死者數卒以計破賊多所斬獲境賴以安人益德君爭欲狀其功以聞君力止之乃已嗚呼自髮逆捻匪之亂作而鄉兵起庠序之彥閭巷之雄遭際時會遂能勘大難建殊勳其次得所宗依亦各殫竭知勇顯功名當世而貪偷輕進之徒乃因軍賞旣寬思緣飾以儌幸其尤巧者竄名軍籍而安坐於家以得官冒濫至不可問以君所爲衡以近日軍例宜得上賞君顧力辭之其廉退有足尙者而驅役鄉民拚死犯難遂克有功視當時諸將蓋無愧而無所依焉以竟其才尤有

識者所惜閔者也子宗洛增生宗汸國學生宗潼進士工部主事宗澄國學生孫作棫作栻君卒於光緒十八年正月二日春秋六十有二某月日葬於香龍山前祖塋其鄉人柯鳳孫徵銘銘曰出其蓄藏僅施於鄉猶屈所長宜其後之昌

劉君範堂墓表

劉君範堂諱仲楷深州人以文稱鄉里從吾父問學吾父於門人中特愛重君數舉其文以示學徒濤與弟始習舉子業見君文輒讀不厭君以吾兄弟齒稍穉盛稱其所爲亦知所稱過量而心獨喜故嘗望君之來君性坦易不飾儀貌言無匿情人皆樂就之每至吾家諸父諸兄與君年相若者爭攜酒肉與飲食質以所業言笑竟日夜不倦吾父聞之喜曰吾爲羣從子弟得良友矣君得癸酉拔貢即以是科舉於鄉濤賀諸其家家在陋巷所居甚狹而地

無隆窔庭無遺灰積堁土墉不飾木器不髹而潔無汙漬子弟執
業於前年皆十三四趨走承應動中度程余益聳然異之兄弟四
人君其仲也兄弟亦皆敏於文從學者甚衆學使所錄取多出其
門而君之弟子尤盛其高第者成進士入翰林以文稱於時君則
自領鄉薦後學益邃而屢躓於禮部之試其後得心疾遂不復圖
仕進以教授終其身自君得疾父與繼母先後棄養兄弟亦相繼
淪逝而叔弟之沒君不得見尤以爲憾嘗於無人處自傷由是體
益不支光緒十八年某月日卒春秋五十有六以某月日葬於某
曾祖某祖某父某娶某氏子二人長家敬後其伯兄次家讓朝廷
以文取士士不獲以才德進不得不抑志卑節以從事於文自有
司之識別不明能文者復絀而士益窮矣至於窮無復之乃援積
善餘慶之說相慰勉以爲猶有待焉而彼造物者又故反其道以

試之若君之畜德能文而阨於所遇求如庸夫之安恆蹈順而不能而竟抑鬱以死者蓋亦不可勝數又惡得以意測哉君之卒門人醵金助喪又買田以供祭祀其乞文以表墓者王君鏡巖延年也

宗蓉舫先生墓志銘

任邱宗蓉舫先生有四子樹椅樹桐樹楷樹枏樹枬娶吾姊因從問學遂主其家兄事其伯仲而弟畜叔季相樂也吾弟與同處亦如之先生長身偉貌沈毅有威坐不傾敧言無戲狎始見心惴惴恐愆於儀欲有言思之至再然後敢出諸口其見憚如此久與居竭情極歡曲當人意則又愛慕之而不能舍以去也諸子英敏人生所有事皆通曉而無少年子弟之過濤數嘉歎之則曰家敎則然諸子遵奉直十一耳因述先生性行其述先生侍親疾也父久

病甚寢身覆衾之溲溺以身受兩股及足漚漬潰爛而不暇易衣袴所需必手治動輒適指偶以事出失食飲節戚形於色先生察覺之以爲大憾後以告人未嘗不泣下也母病危而不欲久煩子婦更以婢媼先生屏息窗外徹夜不去時大寒涕淚沾濡衷合裏衣其述先生應事接物也不阻於難不倦於勞不以怨謗而疑餉軍救災拯振阨之出財無訾省而嚴拒非義不以絕物爲嫌事機既發斷而敢行靜以待變退避如怯自謀爲人謀鮮有敗事先生之卒於今十六年家益昌盛先生之子壽所兄事者已爲前輩成德遠近矜式有事就以取決樹楷樹枏宦遊京師學行偕進見稱儕友駸駸乎日有令聞矣而器量風采凝之甚先人蓋猶不逮也壽主宗氏以光緒元年再踰年而先生卒又七年壽官大名教諭乃去又五年改官刑部而樹楷樹枏亦奉母太宜人居京師仍與

同居今又四年矣太宜人霸州韓氏幼事繼母以孝稱及歸助先生侍養勞憂與鈞先生以嚴明治家太宜人濟以溫厚門以內秩如翕如先生卒督率諸子一秉先生遺教無改濤嘗述其事於吾母吾母輒樂聞太宜人亦嘗稱美吾母以飭其家吾母數詢太宜人起居狀與同戚欣太宜人於吾母亦然蓋兩母性情多相類故相親愛如此而不獨兩家兄弟之相樂也先生卒於三年九月二十日春秋六十有二其明年二月葬於祖塋十九年七月十八日太宜人卒於京師春秋七十有九九月某日歸柩於家而以明年某月日合葬先生之墓先生諱于瀛候選按察司經歷以子官封奉政大夫曾祖璽附貢生妣氏段李祖朝麟候選同知妣氏郭劉父鵬翥吏部司務記名同知妣氏張樹椅附生候選布政司經歷樹桐拔貢內閣中書樹楷舉人內閣中書樹相廩生國子監典簿

女二適士族孫俊覲俊宸俊心俊貞俊琦俊瑄俊賢俊璋女孫十一人銘曰

已淬其鋒戢而偃之匪我自韜時則限之蓄其所有推竟里閈隆霖決渠灌止町畽施嗇積厚將大其後仲昆趾美如耕有耦父教固爾況承賢母世載厥祥孫曾其懋

書泰山墮淚圖記後

海州王君家佐感泰安訓導濟陽艾問泉先生再生之恩先生既卒爲泰山墮淚圖以文記其事光緒十九年其門人某應順天鄉試攜圖至京授先生猶子觀亭以徵文觀亭與壽同官刑部交至深以圖示壽屬題其後因曰捻匪擾泰安時城空無備而守令素不悅於民鄉兵不集人大恐吾伯父說守令使謝過於民而躬往諭之曉以利害民大悅誓與死守賊不敢逼守令皆以功遷官而

吾伯父獨不得與嗚呼郡縣無備久矣倉卒寇至毆不教之民以
與之角其烈者與城俱亡不肖者棄而走耳先生以不與政事之
官獨能協和官民使之竝力以守而危城以安非確乎其有志操
而忠義足以感物知略足以應變惡能於無可措力之際卓卓著
功烈如此哉當是時賊蹤半天下其擁兵守土無尺寸之功而構
虛飾僞以邀上賞而收顯名者不可勝數也而如先生者乃竟掩
抑不得論列世之所以多禍亂而禍亂既作不能遽定者豈不以
此也與吾因觀亭所述先生之功推而論之蓋惜其見屈於時無
以竟其才以抒其鬱憤之氣因以慨世變焉至於王君之尋其自
記已詳一人私恩固不必論也然亦可見仁人君子之用心矣

硯銘爲蔣藝圃作

女節民苦安吾家之貧三世不易圭世不吾許吾惟女與相守以

終古以念吾祖

陳母李太恭人壽序

天津陳君雨人喜文章雅不自信輒求益於朋友閒語濤曰吾少孤所爲學一稟吾母李太恭人之教始入學則教之曰學必顯揚其親後能以文述祖德則善矣不則師友名流乞表吾門稍長學爲文教之曰學不得其門其志彌專其蔽彌深是亦宜收功於師友旣壯奔走衣食又教之曰學者終身之事心無使累志毋使奪懿乎太恭人論爲學之恉也人有喜養生術者得古書而求其行氣之法期年血絡壅逆衝上而虛下喜曰氣果能行矣過此則形解矣又期年支體如桎拲遂成廢疾有好古經方者勤日夜以習之十年自謂原血脈察起居決病所由而相度鍼石湯火百藥所宜可以起廢而肉骨試之反所言此其致功非不深而蔽若此者

果於自信而專己沾沾焉求之書也世儒論學有三曰義理考據
辭章義理明先王之道考據則稽其功用之迹而記之者辭章也
後世既分途以習爲義理考據者或不嫺辭章而爲辭章者猶必
兼涉二家之說非特兼之而已古人之精神意趣將於是求焉義
理以慮究也考據以力索也而皆可求之於書至於精神意趣有
在語言文字之外者矣苟非有所承受而欲冥搜之故牘以幾於
合其不類古人所譏刻鵠畫虎之不成者幾希以兩人之才既陶
染於鄉邦文獻其在京師又博求鉅人碩學以資見聞太恭人所
教既已服而遵之而不至蹈其弊矣而濤猶不能已於言者燕人
相約爲嶺南之游其一人治行十日而往半塗糧竭馬瘏旁皇不
能進遂止不行其一人力能取足於道所經不齎糧而往逾河至
江沿流上下歷觀古所稱名勝與搢紳文士相交遊大樂之亦止

不行雨人家故貧寒待之衣飢待之食心嘗戚戚然其官工部僚友交推其能勵績卓卓可紀而事繁不得少休其所遭如此不累於境則恐其羈於此而奪乎彼也然則太恭人所教雖能服而遵之而其所慮者不尤當念之而不忘乎光緒十九年某月日爲太恭人六十壽辰雨人屬以祝詞而述太恭人事甚詳曰吾母懿行待子之章之此吾結交之意也濤曰太恭人之教吾既敬紬其義爲子勖因以爲壽當爲太恭人所樂聞至於尊顯其親太恭人於子之始學已有望矣固宜子之自爲之也

題西山精舍圖

濤少時則喜讀桐城方望溪先生之文及從吳先生游益廣以劉氏姚氏之說而其邑人客燕趙者往往遇之先生所亦輒稱述其鄉先正緒言軼事於是桐城諸老之精神笑皃如接吾之耳目矣

私以爲幸登先生之門得徧讀桐城諸老之書而交其邑人以資聞見若復得親至其地覽其山川尋諸老故居及平生釣遊之所想慕其風流所學當有進光緒十九年秋謁先生蓮池而姚君叔節與其兄仲實已先在叔節出此圖屬題則大喜以爲觀此圖如親其地足以慰所懷而無憾旣而思之承先生指授與羣賢觀摩且二十年而學益荒落雖至其地庸有當乎而仲實所爲詩古淡如漢魏叔節之文崛强似韓退之二君年方及壯所造已如此則又以知紹其鄉先正之傳終當屬其鄉人非他方人所得與吳先生雖欲倡其學於北而二君者又將挈而歸是殆有數焉濤雖妄弗敢與爭得列姓名於此圖之末則幸矣

張搢軒先生七十壽序

篤學力行之士心乎當世者輒慨並吾生者之不古若後乎所慕

望者數百載則恨不生數百載以上而數百載以上爲吾所慕望者其致慨已如是也後乎所慕望者千餘載則恨不生千餘載以上而千餘載以上爲吾所慕望者其致慨已如是也抑非獨數百載千餘載之遼以相判令人致慨乎今而慕乎古也與吾祖父並時者吾及見之與吾高曾並時者吾及聞之自高曾迄吾身百載數十載耳而由後溯前亦若有不相及者夫此百載數十載之閒已有不相及之勢苟無人焉挽而正之恐遞降而下將有不堪問者矣嘉興沈子培嘗爲吾言古今文人所纂錄朝廷仕宦之文多而紀鄉里者則少子既舊族所與昏姻亦必一方之望其碩儒長德終老於家學行所表見與生平言論當有卓卓可紀者子盍編纂之以視後學或有裨風教吾既慨世風之益壞思有以矯之而無術也聞其言則大韙之古者才德之士多聚於朝自後世以文

藝制科而校文者無復眞識其不幸而不遇者乃與在朝者參半在朝者尸高明之地人得而指目之其不遇者雖有殊特之姿獨至之行閲世積學以至於老而無埶位以聳衆朝夕與居者且忽而易之矣苟能發潛闡幽俾人知所慕效一家之中率遵乎長於一家者一鄉之中率遵乎長於一鄉者其陶染漸漬較之以上治下以貴治賤其收效不尤易乎然則紀述鄉里之文誠在所急矣吾蓋有志爲之而未果也滄州張君化臣才高識遠有用世之志孰於杜馬典章之學武昌張先生桐城吳先生皆奇賞之與濤交至厚每相見必相規以過無諛詞光緒十九年化臣之父搢軒先生春秋七十將稱慶於家屬濤以祝辭蓋先生之才德所謂不幸而不遇者也退華而樸斂侈而謹隨所值而安不激於氣無怨於時其爲前輩成德與吾所聞於祖父者風旨略同蓋後進所宜式

法者也化臣雖有過人之才而性倔強負氣不稱意憤形言色非其人絕弗與通濤嘗諍以爲好剛失中若能擴其褊衷抑其矜氣而進用其父之道從容優裕以漸幾於古人鄉人之與化臣游處者當益知先生之道之可貴相與率而循之則先生之道益廣而濤欲紀述耆老言行以警末世之失與之偕進於古將敬從先生始矣豈敢構飾虛辭循世俗之禮而爲長者壽哉

北江舊廬記

古之學人多樂遊危巖通谷洪河大湖凡瑰奇詭麗雄闊洞豁廣閒靜邃之域與古賢聖儁豪魁人畸士之所經涉亦旣曠歲時屏世事窮探博訪而徧歷之矣而馳驅仕宦奔走衣食之時窮鄉辟寂都市喧尨之地人事叢猥無須臾之閒僦屋以居月遷歲徙亦必規池砌石植嘉木美卉以爲朝夕宴休娛嬉之所是豈有所耽

溺而爲之哉蹈德遊藝之士既藉以拓其襟抱遂暢其天倪而勤於職事者勞劬憂思氣煩慮亂尤必有以導宣鬱滯滌胸寧神使之恢恢如有餘然後可以久不生厭有所爲而無不成國朝陽湖洪北江先生殆所稱樂遊者也東至海西至伊犂南至黔北至京師其行萬餘里凡號稱名勝無不恣意所欲往而窮其力所能到其於京師前後八九至留之最久者亦不過再期而所居亭池樹石必具蓋未嘗一日忘其山水遊覽之樂也今京師宣武城南有先生舊宅竹石參映嘉樹列植相傳爲先生所營置天津徐鞠人編修居之鞠人喜讀先生之書嘗慕其爲人既得其舊宅大喜顏其聽事曰北江舊廬數因其母夫人生日宴集僚友其中嘗語濤曰吾於先生學行百不逮一二然先生六歲而孤吾亦六歲而孤先生之母不逮祿養而吾乃得長依膝下則所遭視先生爲幸濤

曰先生抱用世之志見知既晚又不得久於其位賫志以終予通籍既早於先生從容學問徐以俟之異日所樹立當有先生所不及爲者豈弟事親之樂爲先生所不能哉然此皆視乎遭際非人所能爲吾所望予於今者卽先生所營置日益修治而補其所未備優游嘯詠以先生志學自勉而推所樂於朋友而不自私則予之友雖有拙疏陋懦將老而一無所就如賀濤者亦日造於門而不拒也

送宋芸子序

吾嘗讀海西諸國人所爲書其論列事埶利病而量決其是非輒曰某國如此某國如彼而中國之立言者則推而上之曰某朝如此某朝如彼其非中國所服習雖國至彊大事可觀采概賤儕之不屑與絜長短國家招懷撫內求通好互市者日益眾操觚之士

即所聞見稍稍稱述矣閒以其說質之吾友宋芸子芸子曰未得其要也夫舟車軍械適用之器益求利巧者工匠之事耳貨物委輸無遠弗至商賈之事耳畫井疆權征稅嚴禁罰編之約章有司所奉守耳既不足恃以自彊而有志當世究心利害者又未能得其要領無惑乎言戰言和言防守紛紛然屢易其術而不能決也芸子學閎志偉其於往昔興替成敗之迹已深探其故而知其不足馭今世之變也益討四夷之事而研覈之又知功名之士張皇目前不足與慮長久而儒者不得局於故見循士大夫之議以言外國為恥而自引嫌也益思以身當之光緒十九年命四川布政使龔公使英法意比而芸子為之參贊諸國既懾服威德帖首就法約使者無紛難不可治之事從容諏訪求其所以為國及交鄰之道攬大燭幽提挈綱維編纂成書獻之天子宰相籌所以待之

之方而傳播其說於士大夫俾知世運之變出而維之者終當屬之儒者則斯遊庶幾不負至於諳悉外國語言通知其文字究氣化測算之術而精於世所稱西學者吾以爲乃其次也

張君又新墓表 代

君諱銘盤字又新吳橋人性果決慷慨任氣鄉里有事待以興作赴人困厄如急己私而好面折人過不少容家貧瘦筋力忍嗜欲以致衣食而不肯輕受人財縣富人李氏匄君伯父財使息之伯父卒以授君君修整有術李氏因以益富而子弟習爲驕侈君曰是且敗其家數勸戒之不聽侈益甚君爭之愈力曰吾前言宜聽不者業必壞又不聽由是與君齟齬君曰吾旣阻於力所不能不可有所牽率以負其先人而愧吾伯父遂歸財其家初伯父受李氏財得白金萬及君之歸之乃至三萬其非我所宜取纖豪不以

焉嗚呼自世風衰薄而交際之道蓋難言矣其同財者抑又甚焉李氏於君既資其力以致富已乃忘其忠言而疾惡之此人情之所難堪而君卒能有所割棄以善其終人見其歸財而無所顧惜也莫不推稱之以爲廉而不知其默全兩世之交其所成者尤大也同治十年君子從予問學始與君識君且老矣而縱言世事與己身所經張目抵掌時憤時喜豪俠之氣形於辭色予既聳然異之又未嘗不歎其以有用之才無所遇於世而混迹於閭巷負販之中以終老也曾祖某祖某父某娶某氏子某某皆力學行君卒於光緒十年十一月其明年某月葬於某某年君子以書抵予京師乞文以表墓予爲稱述一二俾揭諸阡以寫予之懷思因以勉其子焉

文章類選四十卷自左傳國語國策楚辭史記兩漢迄元諸史百氏所選千數百首四庫全書存目提要稱爲明慶王㮵賓客編次所選未爲精審然秦漢來名能文者鴻篇偉製往往而在也明人不尚樸學而好編輯辭章采入四庫及存目所收不下數百種就今所見者言之大氐爲制義而設子史及百家述作一以平弟制義之法爲之雖號稱知文如唐應德茅順甫諸人亦不免爲時俗所囿此編纂於洪武中時制義法未大備人之爲制義者亦入之未深故其法式較諸編猶雅而近古然諸編或傳誦於時弗衰此編乃無人省錄而稱說之者絕鮮人情好憎取舍今昔不少殊其猶得存於今者幸也雕鐫之工雅近宋元非洪永後所能及所見明刻惟此爲最先亦惟此爲最精此編既以得存爲幸而予之獲之不尤足幸乎存目提要又稱前有洪武三十一年凝眞子序慶

府圖章今并無之卷帙完整不宜有闕殆書賈去之而欲以元刻誑人也

讀國語

左氏既采諸國之史爲春秋傳所未采者更編次之爲外傳其曰國語諸史舊名耳以傳之因之也故亦名傳爲國語傳有內外之異而其爲國語則同太史公曰左丘失明厥有國語殆指傳而言豈有稱人著作舍其所自爲書而舉所編次者乎後人不察以比於春秋者爲傳其別行者爲國語而國語乃爲外傳之專稱故班氏因太史公之言遂以外傳爲左丘明著亦不思之甚矣藝文志國語二十一篇劉向新國語分爲五十四篇隋經籍志所載賈逵虞翻王肅韋昭孔晁諸家國語或二十卷或二十一卷或二十二卷迭經更竄不可考究其詳矣

周語多典雅之辭西京盛時公卿內諫於王多稱述成憲其循守舊章也東遷後王室微弱矣而列邦不恭猶能以禮折之雖彊大不敢輕蔑其時天子不復有事於諸侯諸侯相侵亦以周為共主莫之敢遏故兵革之禍視列邦為少君臣皆得從容學問服習舊聞非他邦所能及此周公之澤也然其微弱益甚矣

諸子之書往往言晉之趙氏晉語則以簡子襄子事衍焉太史公敘六國世家亦惟趙為詳將由趙史美備而傳誦者多與秦焚詩書諸侯史記尤甚趙與秦同祖史多稱其先德故得獨存而太史公因得以為據也簡子夢帝告語諸大夫董安于受言而藏之趙之有史也久矣左氏時其史當未出而晉語識之後人羼入耳

吳語以越事為主所述越事又詳言大夫種之謀而不及范蠡越之上篇亦如之其下篇則專言范蠡而不及大夫種既皆非史法

所宜而造端離餅亦不類史氏所儀而近於晚周諸子之所爲漢藝文志兵權謀家有大夫種二篇范蠡二篇疑後人取此二書附之國語亦然宋衛諸夏六國春秋經傳具其事甚備而獨無史存吳越處乎蠻荒通中國最晚而又先亡乃能有史以傳世何哉

書故城沈氏孫氏先世事

明洪武中人多辟兵海上有孫太公者豪俠有膽略爲衆所推服邊其約束得免於難太公流寓故城與沈氏同里沈故盛族有官戶部侍郎者其弟家居有威望鄉人呼爲沈翁不敢與鈞禮翁亦自尊貴不齒鄉人而獨樂與太公交傾吐誠款飲食必偕翁無子乞太公少子爲子太公以異姓難之翁曰我兩人猶一身耳君子卽我子何嫌忌而不我畀時少子生方踰年卽抱與之太公貧甚翁欲分以田產笑曰子知我者將復東之海上耳奚以田爲不告

徑去莫知所終翁既養太公少子爲子妻韓氏日提攜之恩勤甚至後生男而愛太公少子不閒於初太公去時少子尚幼稍長以不得見父爲恨又以翁已有子當還所生欲往尋父而不敢言數悲泣翁詰得其情驚曰兒何遽萌此念吾無子而子女有子而棄之人其謂我何且何以對而父吾固絕愛兒不忍使去而父不知所在雖去何之兒勿遽萌此念少子知翁意堅終不聽所請乃潛去翁夫婦皆大號韓氏遂得心疾日益劇使人四出尋之少子既不得父知翁夫婦之思己也亦急歸翁大喜而韓氏病即日已少子由是安於沈氏少子生振振生緒歷三世至緒乃復孫氏兩家故多以才德發聞翁及太公既皆有古人之行侍郎名全亢峻厲風節劾宦者十餘人姦賄寘之法卒以毀死少子性篤至而敏於事思報沈氏聚精厲氣益昌其家嘗釋韓氏之說既以哭韓氏失明

遂用其教堅定淡寂能人所難振長者退若無能時有災厄眾倚以生沒而鄉人祠祭之緒以二甲一名進士官至太僕寺卿所建白多施行亦以忤權閹再奪官緒子若谷通博而有文太僕集若谷編定所自著亦可觀緒既復孫氏仍以翁為曾祖立碑其墓記翁待其祖及其祖之致孝於翁雖還所生沈氏之德百世不敢忘其辭甚質而發於至誠沈翁孫太公記不載其名亦不言太公始為何處人及其家屬所在今兩族皆盛睦如一家不相昏姻某某以舊碑漫漶乞記其事以示後人予喜其事足以厲薄俗而後人承其先志久且弗替也遂書以遺之

祭張廉卿先生文

斯文之傳道必裒古有箸厥能後先同矩大雅不作乃百其趣狂流潰隄鏤工器窳旁采博收有眾無主規之繩之轅駒柙虎先生

文出諸家咸類古之作者莫盛有周下逮西漢司馬董劉唐宋之際韓公其尤維柳及李歐蘇與儔旣鬱所有起爲時謀時與志左躬離百憂先生曰嘻殆自繇因遂屏百事脫身獨游湘鄉曾公世之哲匠其門多材大者將相量能所宜車輪舟檠用康時屯厥聲震盪先生在中大音不響不劫於名不紛於哤冥志獨運乃與神通前賢有作我裁我鎔承古接統不祧之宗出所夙蓄被之朋從振英擷秀植弱餽窮多士景坿汝漢會江小子不敏處卑卽凡桐城有教實闢扃緘已乃詔我尋師而南猶未果往先生北驅旣引入室沃膏濆藍舊質則革琢石成瑊曰道幾墜汝其克擔稱我於人口者甘鹹生成之德與君父三戊子之秋先生南走皇皇無依嬰兒奪轂摶埴在膊未燒猶轂恐落所殖數以書敂文壽我親益砭我愆報之不圖施而彌厚先生之歸祖行天津暫返故里就養

於秦不聞謦欬倏踰六年哀問忽至心痛神顫門人之職述學誄賢昧塗所繫粤人適燕抒所聞見賦海繪天恨與悅并悲且無垠設位以祭聊致涓涓

題愍孝錄

先王之禮於人子事親竭其志力抑其性氣苦其服食居處以克制其私而長其恩愛凡所以養生送死者責之可謂至嚴而未嘗以爲親死爲貴以其事不可繼而行且不可推之人人也禱神代死之說古而有之而其理蓋難言若恐其不效豫死以要之則尤不近理而類於愚者所爲雖然先王之禮勉中人所能行其情有獨至者已非禮所能限況憂傷迫遽之際計無所出苟有一說可以致吾之情遂甘爲之而不暇以計較者乎吾觀史家所述孝義情過乎禮者衆矣上世人心敦樸過情之事當倍多於後世而先

王不爲之禁者其事雖非理之所貴而其情未必不爲先王之所許也會稽王孝子以代母死旌於朝其兄子獻編修纂述其事及誄銘之屬爲愍孝錄介其鄉人陳蓍曙編修徵題吾懼循禮之士據禮以責孝子而不愍其情也爲發斯意書之卷末

王小泉先生行狀

先生諱用誥字觀五號小泉又號君言深澤王氏濤既表先生之父榕泉先生之墓不復詳其世系榕泉先生既篤遵程朱氏之學先生纘之益邃以博宋元來爲程朱學者苟有書必究其淺深純雜而援討散佚删要錄存其異趣者亦必推竟源委駁而正之於經尤喜易陰陽象數義理諸家之說既皆探其奧窔已乃屏棄之比屬經辭因類尋義而消息於身心事物以求安處初成易備忘錄續有讀易劄記於書有禹貢考洪範解於禮有中庸說禘祭考

於詩有詩鈔自諸家釋訓以及羣經子史百氏與歷朝金石苟涉於詩皆鈔之其論語經正錄則繼先志而成之者所采數百家自爲義例宏通深切平生志學具見此書此外復有雜箸數十篇皆扞正祛妄無膚辭辟論先生辨說雖多一以躬行爲本嘗欲推之於世以驗所學親老多疾不欲遠出以拔貢朝考得知縣改主事棄不就舉於鄉再試禮部不第遂絕意進取壹力養親父久疾惡聞屏居一室家人趨走操作皆噤無聲不問家事而時欲有所聞闔不自白所不欲聞欲聞而自不時則疾增劇先生將順其閒未嘗失恉他人皆莫喻其故食無定時饌無常品必立具不豫不需先生廣蓄穀蔬諸可食之屬列四竈於庭與妻躬爨子弟助之衆指竝作時不後先而所羞適得所欲嘗承志執勤事皆此類十餘年如一日遇人接物必誠必恕所宜爲不以德怨辟就持身以禮

動有法式雖晏居無放言惰容其淡定之志敦篤堅苦之操近世厲行之士殆無其比濤從學時先生年方及壯志氣甚盛讀書窮日夜雖過勞咯血不少休憂世甚於憂家憂學術之壞甚於憂世言及輒欷歔太息後十餘年復見先生與人言論及所述作但別白是非而已無憤嫉之色激烈之辭最後則惟言力不逮志鄉所辨論皆空談也退然若不能自與於學者嗚呼所學彌深所志彌篤則其心益下而其氣益和以平君子進學之功固不易量哉光緒十九年五月十八日以疾卒於家春秋五十有四妻賀氏濤之姑也子孝箴附生孝銘舉人孝來附生女二適某某孫某某孝銘爲先生年譜屬濤爲行狀濤乃本所聞於先生者爲之論曰古之學者所以復性改過自修其身也而其說皆具於經自師傳中絕載籍闕脫學者弟能掇亡守殘標摘其章句稽覈其名數已足當

通經之目而謂之儒林取經所言而返而存省之用以自檢者則
漢以後更數百千年未之聞也有宋諸子生絕學之後獨能尋羣
經遺旨隱參而顯證勘獨而抑私而力而踐之兢兢焉唯恐幾微
之不合其於學以修身之義庶乎近焉而號稱通經之士乃承曩
者儒林之說譏其說經之書疏謬失經意抑何不思之甚耶門庭
堂階習禮之地也尊爵璋璧弓矢之屬習禮之器也吾既出入登
降有節洗奠授受有儀履物視侯期不失鵠矣而乃與之度廣狹
絜長短差大小輕重以百工之事相詰難雖學禮之君子未嘗不
謂明其制然較之工師之執以為業日習其伎者其離合疏密固
當有殊而遽用是為學禮之君子詬病也豈非語器而忘道與嗚
呼與宋賢為難者眾矣以言心性為無用以求之事物為支離說
皆偏淺不待辨其謂說經疏謬者經遺訂誤洵足匡宋賢之不逮

矣然推而論之亦執工師之伎而嗤學禮之君子者類也而遽欲陵駕宋賢賓斥之以爲不足與於斯道此不得不辨者也世有知言君子蓄德能文欲表闡幽隱撰次先生行事孝銘所爲年譜既詳實可據請更參以予小子之說使通經之士不至徇末而遺本而先生之學庶克顯於世與武强賀濤謹狀

陳尊齋先生八十壽序

濤偏耆文學而無他行能以自見於世情志闊略又不能與時推移而守此微末之官而不去者則以所業未就潛幽伏隈恐遂弛怠故欲久羈京師覽朝章聞時政交海內豪雋以自振厲而增修其術固非存當世之志希乘時會而欲有所擔負而爲之也嘗以所爲文質之僚友諸暨陳君蓉曙亟稱之而不諱其疵自是每有述造輒就取决問蓉曙學所從受則一纘承先緒因出其父尊齋

先生授經圖相示授經圖者陳氏之先自明嘉靖時有授經堂以藏書子孫世守至先生遂繪授經圖以課子蓉曙繼之益以昌大閒獨以謂自古名儒之興朋徒衆盛其襲前禮後者往往更數百年猶若沐浴餘澤親執業於其門而子孫述其事者乃絶少閒有之至孫曾而止耳惟漢之楚元王貴而好書後嗣引而弗替六七傳至向歆父子遂蔚爲儒宗此外蓋無聞焉豈非以道術公器付託必待其人非若田產財賄可私蓄之以詒子孫子孫苟無大過遂克負荷而不隊哉國朝敦尚樸學踰越往昔其家世習儒者若宣城梅氏之於天算高郵王氏之於經術亦不過數傳而遺風漸息君子之澤之不能久而不斬固非人力所能爲也今陳氏之學遞衍者十餘世暫絶而復繼將廢而益興殆古今所罕聞濤嘗爲文記其始末而於先生父子之學蓋愛慕而服佩之也久矣今年

春吾父年登七十蓉曙有祝嘏之辭明年爲先生八十之壽蓉曙欲濤之還相祝也而述先生事甚詳先生與吾父皆官訓導其修贄學校招誘後進與吾父同敦飭於身及所推施於事者亦同蓉曙以家學自厲濤亦幼稟父訓未嘗就外傅蓉曙既論吾所業以推崇吾父故吾於先生之壽亦本前記之意而侈言之以進蓉曙益以致吾慕焉濤既以不能侍養自恨於壽人之親也有愧辭焉蓉曙見其文而歎之今將歸爲親壽語濤曰吾將罷官不出以事吾親而卒吾所業濤曰吾兩人志術遭遇有相近者矣而出處之際則實不能強同錄錄無短長之效進退不能損益於時如不佞者其去留洵可任所願矣今子官翰林當多事之時數與其僚抗言得失慨然有用世之志而遽欲引身以辟朝廷優禮詞臣及鄉所自期待者謂何即先生授經之始所厚望於其子者亦烏得以

閉門佔畢藉口於述先人之業而自謝乎濤之疏闇不能爲子決
請以斯文獻之堂上倘以爲知言而不吾斥焉則子之志恐不能
遽遂也

宗鍔廬墓表

鍔廬名俊宸余嘗志其祖墓不復詳其里居世系志所稱內閣中書樹桐鍔廬之父也余昔主其家鍔廬方垂髫聞余與其父及諸父相辨論時竊笑於旁窺其意似曉所言戲詰之輒强辨不肯絀於辭余甚異之體故羸不能畢力於學其父亦不忍督責任所欲而已既別處其遂因病廢學恆寓書問之及游京師見其與叔父論學書說皆中節時年十四問其病則猶昔余益喜其力之勤而閔其志之苦也其後余數至其家鍔廬暱就余而敬之以得並生爲幸而又以不得朝夕與居爲憾余感其見慕之意而嘉其鄉學之誠以其病之長而益憊也又未嘗不憂其年之不永竟以光緒二十年某月日卒年二十有三娶何氏前卒繼娶楊氏無子以某

月日合葬祖塋之西偏其父走書京師以哭子詩見寄屬爲表墓之交余與之族姻朋友之家恒樂觀其子弟而質之聰俊者乃絕少有其質矣或性不好學而奪於異物荒於半途知好之而專且久矣而所嚮失其轍迹又或誤而旁趨才之難得而易敗也蓋如此鍔廬性敏而志篤家學又有以範圍之其於術業之就旣循循階級而登矣而卒困於病而早夭若或予之若或奪之豈皆有所謂命焉者邪余自少耽習文翰今且老矣其瘁心力而得之者時人未之信也輒欲引後來之儁與同志學而鍔廬又不幸早世故余初聞其死而悲旣讀其父哭子詩而愈悲及默參身世憮然憂思則更不暇悲其父子而悲世人且自悲矣然則鍔廬之死余固不能已於辭況重以其父之請邪遂書之以慰其父而抒余懷

丁儀若先生壽詩序

朝廷藉以施於民民藉以自安其業而奉上者其造端要成荷艱鉅執煩辱令長皆躬與之故其職爲重而輦轂近地四方所取效其職尤加重焉往昔願治之君有自擇畿邑之宰者矣國家承平日久法制積而益密官以資選事以例舉無遐邇內外之殊而畿輔迫近京邑耳目昭徹功不易見而過輒章顯尤不容苟立異同於其閒故畿輔之吏鮮異能殊績而於簿書所責法令所禁則能自勉戒以遠咎戾濤服政秋官嘗勘讞牘以考天下吏治畿輔固視他行省爲優及退觀其所施行則因循掙飾而事皆隤墮壞散於無形而莫克振拔所由來舊矣某縣丁篋若先生家世儒素動以禮法自持黽勉孝恭遠近悅慕教授鄉里才俊多出其門以知縣官畿輔十餘年聲烈遠播在永清恤災振匱法懲豪猾在固安發覺大奸弭患未萌在順義裁抑貴族民力以紓調補昌黎海疆

多事益以災祲廣設方略民心大安自曾文正公總制畿輔教督
長吏條責其職事數十年來以良能著稱者固不乏人矣而舊習
終未能盡革故才知有爲之士欲有所建樹以自表異者多不欲
官於近畿以束縛於成憲拘牽於習俗而不得有所展施也今觀
先生所爲固未嘗自異於衆而勤勤於所職無越思無廢事治成
無迹民便而安古之稱良吏者有曰所居無赫赫名而去後常見
思可謂善言治矣先生所爲其庶幾焉與夫喜事邀名之徒强欲
有所興作不成則藉口於律例太繁不得展其志既成而利不勝
害亦遂緣飾以爲功者豈可同日語哉德配秦淑人溫和婉順事
親課子族黨稱賢隨先生之官家事一以自任先生畢力從公無
內顧憂者淑人力也先生之子亦康編修純懿雅亮博學而有文
與濤同出武昌張先生之門又同官京師情好日篤而過以文事

相推光緒二十一年先生壽登六十淑人五十有九亦康將以某月日稱觴昌黎縣署而以祝嘏之辭屬濤濤生長畿輔於吏治之興廢及數十年號稱良能者既皆心焉識之而知其所由然及觀先生之政乃愧鄉者之說之不足據而彼號稱良能者其所爲亦未爲盡善也至於先生內行及淑人懿德亦康蓋述之甚詳以見先生爲政之本茲不備論焉

歷亭吟藁叙

人之才知無間男女一也自先王以禮爲閑定內外之位女子不得與外事雖有術略斂而抑之循循焉從政於門內凡所稱技能藝業有用於世而可藉以成名者一不得有所閑習文學其尤難者也非夫稟質獨優而性能好之鮮克有稱於世其見於傳記諸子及歷朝史家所錄代不過數人後世搜訪前代遺文苟有所流

傳雖至纖至陋無不采而登之而女子之厠其閒者乃僅千百之一二歐陽公集古今金石上下數千年閒其爲女子手書者一人而已豈其才之獨絀將由事非所重習而能之者少雖習而能之而故擯匿之而弗使傳邪大河以北風氣質樸女子從事於文學者益鮮近定州王氏輯畿輔遺書自周迄今所得數百千種可謂浩博矣而閨門述作則未之見焉其難得也如此則幸而有傳之者可不愛惜而寶貴之與故城祕氏縣之望族世習儒業康熙時莘農先生好學以詩著其配何孺人亦工詩有歷亭吟藁余嘗得而讀之淸正和雅有詩人之意孺人教家有方子孫襲其教者多以學行稱至於今弗衰光緒二十一年孺人之裔孫某與其縣人將重刊歷亭吟藁而問叙於余余爲言女子所學之傳於世者難得而可貴俾人知所護惜其家仰承先德尤當體其垂教之旨勿

竊區區於文字閒也

送陳蓉曙序

事以時起應之無方其紛至卒投不可以恆情測常理拘者大臣謀國不憚攘詬忍辱杜塞瑕釁以安國家而士大夫坐觀其旁恐其苟安目前姑息事以謝其責而伏患於無窮輒以所聞於古者正論以譏之蓋自海國通好互市以來數十年間埶屢變矣而國家所措置與士大夫之論乃如適秦越者之各趨所鄉日以相遠而終無會遇之期吾以謂士大夫未嘗躬蹈其艱所言雖發於忠憤未必皆中機要而任事之臣茍有畏難卽安者抑亦不可無正論以攻之也光緒二十年日本造釁於朝鮮身當其事者審量彼己知平時所施設與將卒之未足深恃而懼事之潰裂而不可收也欲與之和士大夫恐國威之不振則一主戰之說義激氣憤人

無異辭於是官翰林者紛紛入告書數十上而所言職事爲多陳君礬曙與余交至厚每有陳奏輒爲余述之余所見未壹與合而嘉其志氣之壯烈且喜其足以激厲當遂未嘗強和之而亦未嘗撓而止之君曰朝廷必欲和者吾且棄吾官已而戰不利而和議成將謀歸去矣會選御史於翰林曰得入諫垣必益進吾說以信吾志既不得與則又曰吾之屈彊儻爲諫官且重得罪其不得與幸也而歸志遂決君方年壯氣鋭雖暫歸且復出里居無事益討當世之故而究切之異日出而任事必使所言皆可適於實用則攻人者庶不至復爲人所攻矣君故好余文其歸也索文以爲贈以時之迫未及爲曰我且去文成郵寄我其欲得余文如此故不敢以虛辭相奉而稍爲諍論以敦朋友之義亦以余材朽識拘不堪爲世用而屬望於朋友者深故不覺言之激切也

書所鈔晉書天文志後

天文之說至近世而益明舊說殆可廢也晉書天文志昔之論史者善之其言名數部位較前史尤詳後世據以推測沿用至今無膚更也故錄其經星之說二十八舍及二十八宿外星皆經星也志別爲篇今皆并於經星天漢起沒亦言經度故亦坿焉天體采古三家之說而以渾天爲是以今觀之渾天宣夜蓋猶有近似者蓋天則於義不可通至於分野占驗尤今之言天者所弗道也概不錄國朝天算諸家屏棄舊說參以泰西之法一用實測其論天地之體日月之行五星之遲留伏逆以及陵蝕奄犯之類可謂密合矣及深究其所以然之故而有所抵滯而強爲通者實多然以其密合也亦復無以難之泰西新法以爲經星皆日也五星皆地也地繞日而行其經星之爲日者亦各有地繞之特地小於日而

高不可見耳所謂天漢皆星也以其益高不可見故但見其氣彼其星亦皆日也亦必有所謂地者繞之此說出而衆形之旋轉於太虛之中者其體狀行度乃滯辟理順而皆得其所安夫衆形之旋轉於太虛之中者有象可求者也然自有司天以來涉數千年之久經數百千家遞傳遞衍推測之功而不能得其確義則以蔽於目所不能見苟即所能見者得一近似之說遂習而安之而不思變也其於人也亦然人之一身知覺運動所自爲也求其所以爲體不難默參顯證而知然自岐伯俞跗以迄於今數千年閒言醫者踵屬不絕而泰西之法興乃知其說之略而多誤日戴天而不知天日履地而不知地爲人而不自知其體而况事物之變迭出不窮無定理無常埶乃固執其耳目所習者權衡之以是我而非人謂之不誣可不可也雖然有形之屬可確指而類推也而說

之者之有誤明揭之而猶或莫之信而欲以無定之理無常之埶遽易一說以奪其所習嗚呼此豈旦夕之所能哉徐以俟之而已

送湖南巡撫陳公序

海西諸國多富彊之術交質互倣變而日新務發奇祕以角勝其始與中國通也士大夫輒欲以中國之法臨之及定約章禮鈞埶等或且效其所爲則引爲深恥以爲是大辱國利於彼而損於我也其後風氣漸開耳目貫習既知遠人之不我欺乃頗追咎鄉之效而爲之之未究所長而講求彼法者滋益多自殖財通貨與一切器物之適於用者苟力所能爲無不窮探博訪思極工商之知術初試其法於海疆推而漸廣延及內地近則旁達四溢甚盛益興而湖南之民獨不欲與外國接朝廷亦聽之不强凡所措置獨不施於湖南兩湖居中國之中水陸交會一旦有急足以轉輸四

方固宜儲偫以備變今湖北已大興作而湖南乃欲杜絕其端於事不便恐終不能拒而不為光緒二十一年命直隸布政使義寧陳公巡撫湖南公德望海內所仰初官於湖南其士民尤敬而信之風氣之開固自賢者相度所宜赴事物之會而無滋民之疑怪使相與安之以成務而濟時微公其誰與歸濤與公子同舉於禮部往年公至京師辱先索所為文因以後進禮謁公及公將之湖南又謁於保定公曰近見子某文識益高宜暫輟弗為出而幹事以行其學濤既以才弱不任馳驅而親老不能遠出為辭於公之行敬撰其說以獻倘以為可而采內之則所以答公知者將於此焉在雖然公既命輟所業矣而復沾沾焉以文進恐終不能當公意也

朱君步齋墓志銘

君諱靖宣字步齋河南安陽人曾祖某某官祖某某官父某某官君精敏有識量父以目疾失明兄方鄉學而弟幼君年十二即以家事自任嘗有事於數百里外往來獨行山谷中人以是奇之兄好推與君拮据所積兄輒舉以予人君無難色兄以知縣官畿輔君隨之官有疑難輒與謀兄嘗曰吾居職幸無隕越者弟之力也在清苑時以母憂受代州縣事煩授受之際至爲纖瑣或各以私見相出入往往久而不決清苑爲畿輔首縣事尤叢猥而前知縣事十三人皆病死代者倉促視事未嘗一清勘上報是時部章初嚴大吏責之甚急君曰是不可累吾兄日夜鉤稽疲倦心力而久未治辦益紛積不可理者至是乃一廓清公私得其平而代者無後言服闋復隨兄之官畿輔兄以君吏才有餘數勸之仕君初以縣丞試用北河升知縣加同知銜賞戴花翎至是乃以知縣待闕

山東大吏知君才使決疑獄凡君所讞無反復者德州富人某父
有狂疾獨出不歸富人募知父所在者有乞人來告曰吾知若父
尸所在隨往掘地得尸已腐敗不可識而乞人辭枝疑乞人殺之
訟於州乞人不服控於司復控於京師訟連年不決大吏使君往
鞫之君至卽謂富人曰天下豈有殺人父而告以尸所在者乎是
利女財以誣女耳女父存亡未可知而遂據此不復尋於女妄乎
富人立悟遂罷訟署濰縣豪猾聞風斂迹相戒不敢犯禁縣人致
仕某公謂君曰吾所閱多矣未見令行禁止如公者也補恩縣治
如濰莅事年餘以事罷職光緒某年某月日卒於某春秋五十兄
旣以循良著稱君在官亦有績可紀而弟官京師僚友推服士大
夫以是稱之及君抱志以沒弟亦尋卒於官而兄由知縣漸擢直
隸按察使署布政使駸駸乎大用矣未幾亦卒此又士大夫所共

悼惜者也兄諱靖旬弟諱某工部郎中妻陳氏子猛附生學軾廩生妾王氏以身殉孫三人女孫二人皆幼將以某年月日葬於某

銘曰

助兄爲治澤被畿疆挈之而東仁風載翔各表異政千里相望未竟厥施相繼淪亡晚出早逝尤爲君傷我銘諸幽以告茫茫

華母姜太恭人八十壽序

天津近日人才之盛爲畿輔之冠其人或以志氣相高或黽勉學問或通敏人事皆翹然負異於衆人進仕京朝肩比鱗萃游宦四方絡繹於道而春秋兩試恆五分百餘州縣所錄取而獲其一焉雖江浙號稱文明之邦無以遠過論者以謂自總督移節東來冠蓋輻輳而海道旣通四方賓客日至學者發皇耳目開拓智識求師取友出門有功茲其所以盛與自予觀之不盡繫乎此也予始

識華君秋吟於冀州秋吟故出桐城吳先生之門與談文藝至樂也及至京師又交其兄子璧臣舍人遂徧交諸華其邑人之在京師者亦數相過從璧臣樸雅好學尤暱就予因得聞其家世而知其王母姜太恭人之賢其在家女職無弗供也及歸婦道無弗修也贈公客游於外親治家政居室所有事無弗夕籌而朝營也器物爲日用所需無弗目閱而手製也贈公既沒乃益教督諸子所宜爲趣之弗少待也所宜戒禁之勿少寬也嘗曰吾願子孫植身厲學勉爲通人而不欲其習於仕宦故太恭人生有六子學行皆可稱其達仕者不久卽歸璧臣與其季父秋吟前後爲予述者數矣其邑人徐鞠人編修陳雨人工部皆吾友也徐母敕鞠人儒雅持躬陳母責雨人親師鄉學亦皆能教孤子成名夫家之督也其始恆由於女子而其興也其機亦或兆於女子家有賢母子孫遵

蹈矩矱守而勿失多能發聞成業以光前緒而垂奕禩其理孰固然而朋儕勸厲族黨慕效薰濡既久遂克移易風俗其發端至微而其效乃至遠則固不獨一家之祥也華氏邑之世族徐陳兩家皆寒素而太恭人與二母所以教子者則同璧臣父子與二子者術業或不盡相類而其承母訓以自底於成也亦同則其流風所被濅推濅廣有可決其必然者而論者乃謂人才之盛時會使然夫豈探本之論哉光緒二十二年九月二十六日爲太恭人八十壽辰將稱觴於家璧臣以父及叔父之命屬濤爲祝詞濤嘗爲文壽徐母陳母而發明其教子之意以勉鞠人兩人太恭人母子之賢既同於兩家故仍本鄉者之說以屬詞而復推論人才歸功家教以見其邑風俗之美而濤之樂與其邑人游意別有屬豈弟慕其聲華炫耀足以譁衆而驚俗哉璧臣攜此文歸既隨諸父獻之

堂上因視邑人之來賀者彼且以爲何如也

武强天平溝記

武强縣治亰舊有渠名天平溝起自縣之西將至城折而北又東北趨獻縣以達於滏歲久湮塞比歲苦水患光緒十九年秋武强告饑於州州牧太倉錢公親行縣視災問民所欲咸以復天平溝爲請公歸爲書問縣溝長幾十里其宜施工者幾所起訖積若干丈深廣以丈尺計者宜幾何下游兩隄增高厚宜幾許並溝幾鄉壤田使分治瀕溝田有幾其委在獻工之施於彼者何方縣以州書詢縣人於是吾族子嘉相熙儕尋訪溝舊跡測量地形察眾論條書所問具圖說以告明年公列狀上大府請白金五千僦民治溝既得請則疾馳到縣與獻令期境上周視工所分界賦役眾喜躍躍若急己私四月某日始作某日卒事溝起吾縣西東至獻

之三汊口六千五百二十六丈深六尺廣二丈二尺底殺四之一而强隄自三汊口上至吾縣界首四百四十九丈高五尺阯厚二丈面得六之一而弱盡斥所請五千金無贏闕而種樹以止侵占爲橋以便往來則令民自爲歲時修濬之約因所分界責之兩境民溝廣一視今所爲歲三月各報所宜修濬工於縣縣親督巡如約則以達於州其費令民自給迄今三年水不汎濫連歲豐穰民困用蘇縣志載天平溝五其四已湮滅今所復者其一也乾隆四年道光五年咸豐元年屢修之今乃僅有迹可尋其工旋修旋廢未嘗久獲其利也蓋縣既僻左患雖巨特雨潦所積治水者莫及時守土吏以非簿書所急亦聽其自廢熟視而不問其爲之者又僅發呈目前不思善其後故此溝久不復而民坐受困今所興治其深廣皆加於縣志所載故能疏瀹不失時而數十里沮洳庳下

行潦之區遂變爲沃壤連歲收獲倍高田然則委歲豐歉於天以爲不盡關人事豈不誣哉壘儕書來請紀公成績予既喜吾縣去宿患又慨興事之難而廢之之易也爲記其本末俾吾縣人無忘始事之勞而永守賢君約束勿怠則無窮之利也

徐君少珊墓志銘

君諱嘉賢字少珊天津徐氏曾祖諱城河南南陽縣知縣祖諱廉鍔湖南卽用知縣父諱思穆河南中河通判南陽君卒於官寄居衞輝未及歸而通判君復官河南遂家焉君少英果嚴毅有特操不苟言笑雖至親無私語人咸以大器目之咸豐三年粵賊竄河北督師訥爾經額公檄通判君治軍懷慶君隨往結筏渡兵賊對岸施槍礮衆怯欲退君奮然率之以進既渡賊結柵與官軍相持已而無聲衆莫測虛實君單騎夜往偵之賊既遁矣拔難女數百

入以歸時君年十七耳訥公壯君膽略特疏薦於朝疏爲賊劫不得達而訥公去事遂寢人以是益奇之又重惜之而君絕口不言往事益肆力於文學究行水之法通判君治河有聲君之助也咸豐十一年以疾卒春秋二十有五以子官贈奉直大夫配劉氏旌表節孝封宜人宜人桐城人父諱敦元廩貢生以文稱於時其駢體文見奇於宣宗著述多散佚宜人獨搜藏數種今尚存也宜人初入門即佐姑治家姑沒一以自任自曾王姑以下家數十人有事於宜人謀之所需於宜人索之賓祭昏嫁所以致敬而達情者疾病死喪所以濟急而飾哀者惟宜人是賴有遺孤子女惟宜人是依憊心瘁神恆輟餐寢人而弗忘通判君既卒家無餘財君之從祖有官鄢陵知縣者招之往宜人不肯既不欲以家累人又恐姑子之習於安逸而不知自厲也乃舉家歸衛輝而貧困遂不可

支宜人善教子君沒時子世昌甫七歲世光五歲卽教以禮讓違輒譴呵至是督學益嚴稍長出就外傅弱冠假館四方益教以擇交處世之道二子亦兢兢於母教不敢背光緒壬午二子同舉於鄉丙戌世昌成進士入翰林遂迎養京師宜人始歸卽服勤習苦通判君沒家中落勤苦益甚及來京師猶秉初志而其教子亦未嘗少寬於昔時也光緒二十二年十一月二十三日卒年六十有四君初聘黎氏未取而卒君父母欲葬黎氏於徐氏之墓不果及君卒每致祭宜人必設黎氏位令其子母之歲時拜其墓子貴贈宜人世昌翰林院編修世光山東同知保升知府女適吳縣贈光祿寺卿河南候補道謚誠毅顏公子士棟姑沒夫婦同殉並旌孝行孫一女孫一皆幼濤與世昌同舉於禮部以文學相切劘將以某年月日奉宜人之柩與君合葬於汲之唐岡以狀來請爲銘墓

之文君以異材偉抱少年夭逝未克一施而宜人主持門戶數十年上事三世下教二子二子皆有賢行再興其家厥功甚大故誌君之墓而於宜人事尤詳也銘曰

旣韞厥美欲爲時起將翼以飛忽劫而止遂鬱所抱未施而終疇弭我憾子猶童蒙子有賢母作而振之勿謂我母而父而師卒使二子才任世用人稱母賢母心彌痛痛且苦矣所成巨矣先我逝者其我與矣

送王晉卿序

考往昔數千年治亂盛衰之迹而辨其典制沿革以及當世所施行無洪無瑣必備必貫勤一世以從事於此猶恐弗逮而近日海外諸強大國創法造事功效顯白其載記宏富不減中國又宜旁涉遠鶩取其可以益我者究其長而極其變非宏博開敏非常之

才固未能自放於無畔岸之域而尋其津涯也新城王君晉卿識
高而志偉羣經子史皆有撰說又廣爲詩文以經緯世事而於外
國載籍搜討尤勤嘗欲取彼制度器物提挈綱領推類以求包括
萬有作西雅取彼用弱爲强大有爲之君据摭政迹顯揭其功而
歸本君術作海國君鑑綜中外之學而會而通之殆所謂宏博開
敏非常之才者也初以知縣官四川有威惠因事罷職從戎於甘
肅總督秀水陶公器其才奏復其官而留以佐其幕府君亦喜其
知我慨然欲有以爲自海國通市而中外接搆皆謀於海故海防
議起朝廷以全力注之新疆西北接强鄰變生不虞禍且甚於東
南當事者引爲深憂而終以海防爲重不能畢力於西陲君既通
知外事而受知大府欲有所爲宜獻其所有統關內外而一視之
興務作業彊弱富貧不必仰給於他行省邊備已隱然可恃遠人

不敢生心而朝廷無西顧憂斯乃不負所學濤與君初不相識讀其所著書而好之光緒二十三年秋君有事於京師始相見與談文藝及當世事甚壯事畢將西歸因敘其所學以廣其志吾舊游胡君月舫為甘肅學政時條奏西事甚詳今官寧夏道蓋志在當世而可與有為者也君往謁與議西事既自畢其說請復以吾文質之

謝太夫人墓志銘

太夫人姓謝氏安徽阜陽人候選同知某之女而河北鎮總兵唐縣牛公某之繼室也公以守備起家三遷而至總兵歷官江南直隸河南所至有勳績可紀太夫人實贊之粵寇捻逆之亂公輒隨大軍征討四方太夫人總其內政而時其安危以家人辟就卒免於難公用是無內顧憂得一意兵事有功咸豐同治之閒公以母

老令太夫人先歸事毋旋以養親去官遂卒於家子四人前室陳
太夫人生昶炳直隸候補道太夫人生昶煦冀州直隸州知州昶
熹候選縣丞昶照楊村通判太夫人就養於昶煦官所時以觀政
於夫者教其子而不以家事累之俾得畢力於公昶炳以道員屢
肩巨事有能名昶煦由知縣升直隸州知州候補知府以道員用
聲望尤著光緒二十三年五月太夫人自冀歸里十月二十五日
卒於家春秋七十有二長子先太夫人卒以其子樾爲主後孫十
人棠戶部郎中湖北興國州知州樾山東候補知縣棻候選縣丞
癸舉人候選主事餘未仕曾孫八人某某女適河內二品蔭生董
桂山孫女九人曾孫女三人太夫人喜讀書自幼至老不倦嘗分
纂古人言行以視子女自奉儉約而好周人之急在官恒出資恤
災民其在家戚故鄉里多仰給者性敏慎所處置恒當於事理既

相夫教子以居官有聲至家則以家居所有事督責其家人其不在側者亦必手書戒之家數十人一遵太夫人之教在官則堪其職在家則守其業其童穉亦皆循循規矩而勤於誦讀壽主冀州書院講席與冀州君游處最久而冀州君之子棠官京師又數過從故知其家事甚詳未嘗不歎太夫人之教之可大可久既生食賢子孫之報而所以顯揚於身後者又惡有窮期哉將以某月日祔葬於總兵公之墓冀州君以銘幽之文見屬乃爲銘曰

武功文治萃於一門夫曰妻助子曰母恩母則壽考訓及諸孫孫曾衆多瑜珥荃蓀將卜攸卒宜援所元敢告異世敬護玆墳

賀立峯先生墓表

束鹿地沃衍其人善治生能力田作斥居積以殖其財故多富人燕趙之間俗纖嗇蓄其所有忍而不能出富者益甚而束鹿富人

則性多豪俠任氏李氏賀氏其大姓也三家者皆能以財濟衆而賀氏讀書好禮聲聞獨出二家上濤嘗與諸賀游其人皆慷慨好施予能得鄉里之譽而立羣先生尤爲衆論所推雖諸賀亦自以爲行弗逮也先生諱某曾祖某祖某父某兄弟二人先生後其伯父某性開拓勇於有爲嘗有四方之志以親老不出家素饒給以貲雄鄉里者二百餘年後稍替矣先生既不克有爲於世乃一用其才以治生役屬鄉人督之耕作或使挾資逐利於外心計目營躬執煩苦歲歉而我獨豐時絀而我獨贏久之遂富於其舊自給奉嘗少侈而濟人急難必逾所望有大功役輒先出貲爲諸富人倡咸豐同治之閒屢有寇難光緒初大旱所全活尤衆先生以某年月日卒春秋七十有幾以某年月日葬於某娶某氏子某某孫某某古之論治者多排抑富人以爲兼并細民而謂之豪强至欲

奪其所有散給之貧者而後快夫貧富其始均也其富也必其殫慮竭力而勤以生之者也其貧也必其頽廢弛放而惰以失之者也奪富以給貧是役勤而養惰也其亦不協於事理之公矣且富人之有益於世也久矣振災饋乏及事之以財集者固必於富人乎取之而農賈百工以至僕從之屬以技力食於其家者襃其富以差贏殺之數多者或至數百千人其所養亦可謂衆矣設令奪其所有散給之所養之數百千人而此數百千人者既獲其所奪或且舍其技力而安坐而食時未幾而所獲者告罄而向之見奪於我者亦已失其所有而不復能給我之求此交困之道也夫貨財者生人之命也而能聚而守之者實鮮假手於能者使聚而守之以養衆不能者不待政令之布告官吏之督責不言而事已行計無便於此者矣乃欲執均平之說行交困之道豈非不達於事

理而務爲高論以欺人哉先生之孫某以事狀請爲表墓之文爲論富人之有益於世欲鄉人被澤於先生者無忘其德尤欲守土之吏得吾說而存之以保富而安民也

小萬柳堂圖記

小萬柳堂圖者金匱廉君惠卿因其先元贈太師文正公有萬柳堂而意造其境繪以爲圖者也既自爲序以申其指又屬濤爲之記自古俶儻豪雋之士身處濁世耳目所接攖輒拂忤於心蹙蹙無所之其憤嫉之意見於文辭者往往虛搆異境神游其閒以蟬蛻垢穢而蕩滌煩醒若列禦寇莊周之所稱道非皆有激於中而託以逃世者耶韓退之論醉鄉記則以學聖者得聖人而師之汲汲每若不可及不暇爲昏冥之逃其有託而逃若醉鄉之徒皆可悲也廉君作圖之意近於激而逃世者所爲其自序乃言儒者雖

無所遇合不敢少自暇逸則與退之之指相符而其卒篇既自傷見遺於世又言窮通雖殊同歸於澌泯一若隨吾身所遭舉不足繫於懷而欲與世相忘者其激不尤甚邪廉君有豪氣勇於任事嘗曰吾不爲誰爲之者其不自暇逸殆所謂汲汲若不可及者也又安能與世相忘哉而其言乃若此吾恐其因有激而失其初意也因其所自序而還而詰之

蘿村先生墓表

安平弓汝恒子貞以其伯父蘿村先生事狀乞表墓文於武强賀濤濤以狀視其縣人閻鶴泉檢討鶴泉曰是吾縣所仰賴者也先生以諸生老於家而官民敬信與知其政事數十年中官不苦民難治民無觖望於官論者或歸美於先生事之便利於民爲州縣所例有而弛而不舉舉而無其實循故創新收其顯效其規制章

約先生手定爲多至弭巨禍捍外患則其功尤偉也先生諱毓華字曉亭蘿村其別號也曾祖某祖某父某家素裕父沒時年未及冠奸猾謀弱我數以譎嘗不爲應而時逆折其志謀不得逞鄉里憚服及出而應事敦篤好施人以爲緩急可信倚愈親坿之聲譽翕然而官其地者亦無不虛懷接內倚以集事性明果能斷大事有所爲不畏難不遺力縣人或以傳異教聚黨徒數百里內外驚息相屬其往來輒以夜人多疑畏或傳其有逆謀訛言遠播大府檄州縣禽治縣令屏人造廬諮訪先生州刺史亦以其事來先生曰傳教則有之惑誑愚民以斂財耳無異圖也敢以身保之事乃已捻逆竄畿輔時迫縣境縣令將弃城走人驚擾先生卽夜馳至縣呼門入謂令曰賊所至不久踞利不在城城陷無守者耳守之賊必不留攻爲調資糧軍械畫城守方略甚具令從之出約諸鄉

使自爲守人心遂固四鄰皆被寇掠而縣境獨完有言遷畿輔民實邊地者衆轉相恐駭百姓且逃亡先生急白縣令爲草條教曉閭井使安堵而聲捕其造言者言者遂止人心以安先生謀旣屢中官益一意信嚮事無鉅細咨而後行光緒十四年二月八日先生卒春秋七十其年四月葬於弓氏西阡娶賀氏劉氏皆先先生卒子汝昌副榜貢生汝謙汝訥廩生孫六人曾孫四人令長身與民接治其煩瑣而後世宦於遠方不能周知其習俗其士人之隸於官者又皆市井粗鄙之才不足以與吾事賓禮士夫使出而助我而士之有志行而巷處者亦遂得藉手而有所施於其鄉所謂合之兩美者也自令長昧於擇人或隱欲便其私計雜引邪佞而爲所用者亦或挾其埶以陵侮鄉里由是官府爲叢詬厲之所狷介自好之士退匿之不暇世俗之論亦因以不與聞公事爲高而

官與民遂失所依賴其爲治乃愈難然則究民情僞達之官損益官所施爲推之民以助成善政如先生所爲者乃世所急需而里居之君子所不忍辭也又烏取夫畏嫌避事不以生無補於世爲恥而沾沾焉以守高自詡爲哉

深州義倉記

光緒初冀青兗豫大旱疆吏以災聞天子憂勞發官藏以振乞糴之書四達遠近官民爭以錢米輸災區自中外大臣以及羣司百執事奔走營救類能竭誠潔己而怠忽侵漁必懲故災所被者數千里歷三年之久民雖不免死徙而無刼奪盜賊之事是後謀國者皆以捄災爲兢兢畿輔則自同治季年連遇水患已有籌賑之局博蓄豫儲事同經制故數十年吏治獨備荒之政多可紀然州縣自謀於治所者法固猶未備也先是太倉錢敏肅公開藩直隸

及巡撫河南所至皆以積穀爲重而任事皆未久經畫皆未及成
今河道總督任公道鎔爲直隸布政使時踵錢公成法飭所屬積
穀前直隸按察使朱公靖旬時牧深州集穀萬石以實倉皆廢分
藏於州之富人畀契爲質朱公去後易官則更契不問穀也聞十
餘年錢公之子伊臣來爲州乃取富人所藏穀萬石者於城之東
建倉儲之四倉環峙以楹計者三十六中爲聽事其東爲宴休之
堂三楹門北嚮堂後爲倉神祠基崇屋敞牆宇峻固經始於二十
三年三月明年九月訖工堅明約束永守勿替州人李君樹侯以
書來曰公願得子文爲記濤以爲救荒無善策也國家既非可數
須籌賑局設於都會之地埶難分應而徧給其謀之州縣者所儲
雖多未必能久而告饑四方又以致遠稽時爲慮然則所稱荒政
可紀者亦特小補云爾海外諸國農政益興以氣化之學冀田一

械器之用且什倍人畜之力故能五六於常所獲而火車之軌交於國中輦百千巨萬鈞之重於數千里外不崇朝而至士著者無借於外而能取足於其土而物之自外至者又如此其易也倘何災歉之足憂今朝廷銳意取外國長技足資治理者易我之故火車之軌已造端於四通衢要之區其枝分歧出行徧達乎窮僻而學農之書且徧布天下使皆仿行今錢君廉能愛民守先公家法若泯古今中外之見討其制究其學實而致之其事以收其效使遠近援以爲法寖推而寖廣將遂成國家新政馴至於富强豈特給足其封內使吾儕小人無憂災歉已乎此固救時之賢所急起而圖功者也請以斯文爲君之左劵焉

劉太淑人墓表

旌表節孝封淑人劉太淑人者贈武翼都尉安州新安鄉楊公諱

從彌之配也贈公初取韓太淑人無子勸贈公別取太淑人既歸惟韓太淑人是依無忤色無後言韓太淑人沒撫所遺女如己出韓氏家貧周其死喪而收撫其子弟贈公既以賈致富慷慨好推予鄉邑仰給贈公沒乃益丐貸無節不允則惡聲隨之或劫以眾跳踉叫讙更去互來或誣以事訟之官變詐百出無已時太淑人一忍受之如恤窮乏裁潤狹以施歲出錢米無算韓太淑人生二女皆既嫁而沒太淑人生子墀武舉人候選遊擊女一長女早寡旌表節孝孫振墉廩生振鍔舉人振鈞孫女四人曾孫寶忠曾孫女四人太淑人善治家寬簡有條理子孫秉教弗違自贈公之沒惴惴惕惕日虞外患之至而門以內秩如藹如顧之忘憂既子孫成立擢文武科第遠近向慕門內之化推之鄉里而猶歲有所施以爲常遂以大和太淑人歸時年十六十餘年間韓太淑人與贈

公相繼沒獨持楊氏門戶四五十年光緒二十一年八月十七日年七十七以卒明年三月五日祔葬城西祖塋之次吾先王以禮教天下卑下女子黜才抑氣使不得與外事夫死則命曰寡婦毀容滅性自謂未亡人尤以遠嫌自匿故遭家不幸當室無壯男而女子操家政鄉鄰族姻弱我而侵侮之既以不習外事而不及覺其顯與爲難者又束縛於禮教聽所爲而弗肯與爭人恐其不能守先業也從而哀閔之而未嘗不敬其知禮否則取譏笑於俗蓋先王之禮教漸漬於人心也久矣太淑人於外侮之至苟厭所求不與辨是非而兢兢焉肅其門內以教其子孫卒能獲子孫之報家日以昌大論者以爲由窒得通可以攄鬱塞太淑人則曰吾所處宜然得勉所爲而止耳境之順逆非所計也嗚呼人苟能如太淑人之能安所遇而益有造於其家也不愈信吾先王之禮教可

久而遵守也哉

宗君華甫六十壽序

目所注也耳所受也口所啟發而四體所運動也擾擾萬衆無異也黠焉蠢焉戾焉和焉節焉辟焉差其品而已猶之無異也蓄而爲志瀹而爲思其屬之心者曠乎邈乎且遺物而遐舉異矣然當其伏而未發也雖日與之處而弗能覺況乎情格執劫或不獲遂其所期而積然自混於衆人人又烏從而異之哉有人焉非役我之耳目口體而因有所增加於我也亦非能餽我之乏急我之難扶癡走躄而拔而起之也獨於其伏而未發者取而嗟歎之激賞之而爲所歎賞者乃遂如受殊寵且悲且欣至曰得此死可無恨蓋古之所謂知己者如此余性迂辟不能隨衆爲好惡而所學又戾於時踽行默處鬱不得舒任邱宗君華甫異余所爲文館余其

家與語知君果賢於人各出所有更慰互悲以爲吾兩人之相與
乃天下之至快居八年未嘗以是暴於人人亦莫能喻其故也君
識高而能博敢任而善謀縣有大事官民皆取決於君之一言其
才蓋可有爲於時苦無資藉不肯苟出余年四十得一官於京師
猶治所學遂曠厥職既得目疾學亦荒落自度不復能入事且畏
其所以爲心憤恨不自克乃日從朋好燕游酣嬉而不厭人疑余
之有樂乎此也君獨曰此牢憂也余聞之心動然猶未遽以君言
爲然君既老自度不復爲世用乃曰吾不能寂寂無所爲督率僮
僕與事作業與百工角技能爲商賈權贏縮暇則著文習書廣置
書籍碑版古器物羅列室中窮水陸之品以適其口極絲毛之美
以便其體每過其家而所爲必甚於前余曰此牢憂也君亦未遽
以余言爲然然吾知其心之動也由是情好日益親光緒二十四

年余年五十君以文爲壽亟稱余文蓋猶以爲異也其明年君年六十余以文壽之亦遂道其相知之深以答君之意夫所謂知者非以其異乎非以我獨知而人不知乎今兩人者旣皆衰老無奇節特行表見於世而僮僮於時俗之好而加甚焉乃私相慰曰異也人莫之知也吾恐鄉之衆人我而不我異者今見其如此必且笑而怪之而以爲果異也又惡得謂之不知乎哉

吴先生六十壽序

風氣之所會理埶之所必至儒者以空言迎其機通其蔽操馭世之柄者起而乘之遂開世運海西諸國之强由於變法而其機實伏於民民初苦暴政以爲所遭固然不知其可變也福祿特爾蒙符斯邱羅索尾刻詩師米得雅堂穀不登可倍特之徒著書言變法之事人爭傳誦而其機遂不可遏旣發其端執義以推日啓月

與[illegible]進無已遂成今日之治強中國以積弱取外侮思參西國政治用自振拔而民樂其俗而不思變士狃執故習以放效人爲恥而不變不足以自強苟可以益我並無中外之可言則以蔽於聞見而不違其理故朝廷試行新法常以自強之意布告天下而天下不應夫西國之變法迎其機而已中國則必先通其蔽其勢視西國爲難其權尤當屬之儒者桐城吳先生嘗有救時之志其說以瀹民智爲務而必先去其古今中外之見既棄官教授乃以其說作爲文章鉤深提要理順而情公學者既知崇信其說浸灌磨礱乃目奪其所守士論改而民俗從而國家銳意革興乃得爲所欲爲而無廢格阻遏之患不然奉而行之仰而承之者仍皆視爲故事以塗飾耳目雖朝修一政夕更一令舉凡可以自強者而並國之果何益之有哉抑又有進者海禁既弛外交益廣而事益繁

發應失宜遂生瑕釁即能自強庸得晏然而相安乎此亦救時之儒所宜引爲己任者也海西諸強大國近數十年來益以武節相競尚而戰事反少於前雖戰未嘗竟其力之所至蓋由所謂公法者調匡而羈縶之也公法之作始於虎哥虎哥踵成其書及書中所稱引若惠氏俄氏賓氏發氏海氏諸人率以空言論述無埶位以行其權虎哥荷蘭人尤非強大之國而諸國皆奉爲公師遵其書如憲令而不敢顯違者力鈞埶侔爾我忌猜而無共主以臨制之惴惴焉恒恐禍至之無已時故不得不授權公師以空言相牽制而立約篇中有主持公論之學則又以時至事起公法所不能攝者俾後之公師得據其所學出而排解之也今諸國舉事嘗依託公法以爲名矣而議其事者抉擿是非爭馳鉛槧於四方卒未有闔而戀戒以能主公論許之者其學不足以當之也自公法行於東

方吾國固宜有主持公論之權而先生學綜中外求是取衷遠人慕交名重異域既以所學通吾士民之衷使內治得所資若遂廣其說以論外交協事物之宜防不可測度之禍禰舊法所未備并新約之失平遠人既重先生之學必且以公論之權相屬而甘受吾說不肯輕肆其陵侮之志而彼諸國者亦且得所依據各懷斂讓之意以免斯民之困阨開世運而復有以扶持之其事爲今世所不可無而其功遂爲古來所未有光緒二十五年先生年登六十濤以疾不得與於稱觴之列謹以儒者救時之權奉之先生此乃濤憂世之愚衷迫切出之而爲斯世請命者也先生雖深自謙抑又烏得斥其言爲迂妄而卻而不受哉

咸寧郭君墓表

君諱孫坤字厚菴咸寧郭氏曾祖某祖佩蘭父世榮母饒陽常氏

吾王母姊也濤未逮事王母少從吾父讀書常氏見君母輒爲言王母在室時事濤感慕歎從問焉因樂就君君亦不以年輩自倨常氏家素豐戚故亦多富豪往往相侈以輿馬服飾而以酒食相徵會君周旋其閒未嘗厭絕之亦未嘗慕而效之性質樸能自刻苦而勤於治生居室所有事雖煩辱必躬執之而加勞焉其自給雖所急須未嘗備也而加損焉家數十口職業皆自君授之衣食皆於君取之無怠無怨善事親兄客於外君朝夕問視未嘗一日去左右年四十喪妻遂不娶教子孫有條法而必以躬率君少時家且中落自君任家政而家復興嗚呼吾家姻連所及世族富室互爲昏媾相接於數百里閒其望實皆相埒自余省事以來至今不過二四十年由盛而衰與既衰而不復振者十蓋七八常氏亦稍稍替矣君之族望視常氏諸姻好爲少遜今諸家或頹陵夷而

君家如初也子孫率循君之法弗改知其家之後且益昌也興廢久暫之故夫豈不由人事哉君卒於光緒二十年十一月十二日春秋六十有七某月日葬於某妻孔氏祔子四正熙五品銜輔臣蓋臣翼臣女二皆適世族正熙狀君行請爲表墓之文余有感於人世興衰之不常而慕君之道之可久也爲發其義使揭於君之阡

國埶

國之建也必有權焉統攝之而權必屬之一人所以定民志也西國始建之君無中國所謂聖人其創造不能厭乎人人之心而國埶不安自希臘羅馬盛時固有公聽政事選君遞禪之舉而立言之士亦多謂國權不宜獨歸之君於是上下之爭權日亟而國權乃如浮寄虛懸之物歷數千年輾轉而莫知誰屬今諸國分爲二

等曰君主曰民主曰君民共主國既輯安矣然各因其埶而遷就爲之非凡有國所能强同而百世不易之經法也初制未善人心不定也中國有首出之聖人宰制區宇倫類聽命無違羣聖人繼之法以大備而國權之在上乃如天地日月之無可改移歷數千年迭更衰亂變故百出卒未有易其說者初制善人心定也不定者其埶動動思變變者進之機也已定者其埶靜靜思守守者退之機也西國雖有强弱大小之殊其人文政治相埒也相埒則且慕且忌慕則效所爲以不逮爲恥而智日開忌則思勝之以圖自存而術日精西書所謂物競者也此亦不定而動動變而進之埶也聖人既造華夏環其外而國者政所不及則鄙之曰夷戎狄蠻而寇防而獸馴之其强足以自立而力能抗敵乎我亦終必於我取法焉得中國之名擅文明之號爲夷戎狄蠻所同尊而孤立於

其上也數千年於茲矣尊則慢惰自喜而居逸者體羸孤則絕物獨處而無偶者不育西書所謂任天者也此亦已定而靜靜守而退之埶也西國固多亂時矣以其有進之埶而亂後之治恆進於前遞進而至今日幾於大治中國亦多治時矣以其有退之埶其治輒視古爲退遞退而至今日雖無事幾不得謂之治矣中西國埶其異如此昔中國阻海爲險方外各國其國隔絕而不相通循循然蹈吾故迹雖甚窳敗補苴塗飾已晏然而得自安矣海道大埶羣雄面內而時埶頓異於前彼挾其日進之埶以乘我而我乃以日退者當之彼富而我貧彼強而我弱彼智而我愚其埶殆岌岌不可復支謀國遠慮之臣深識憂時之士知法之不可不變也取西法之足補我短而能救我之急者稍稍試行之行之既久而治不加進何也國埶不變也國埶之不變而惟外法之求則吾所

試行第仰承外人意氣而於吾經制律令之外增加一二事俾于進備員之屬承乏其閒奔走而肄習耳是亦鄉者補苴塗飾之類也安望其日進而有功乎然則變國執當奈何亦曰動之而已夫動猶不定西國國執則然耳今取久安其居居雖陋而不知別謀所遷者忽迫之使他適是猶逆江河之流而上之其衝突之患恐且甚於西國則奈何曰西法之變也創而其動也激今取彼已成之效示吾順軌之民誘使知慕厲使知憤習其耳目使不疑怪以潛易其心志知吾所仿爲皆自謀而非有劫於外也相勸勉以從事雖曰動之實不失吾定靜之俗而吾法已行豈必如西國之喧呶叫讙有所變輒先出於亂哉蓋由靜而動執難於彼而有所因而爲之執且便於彼彼經數百千年屢變而始有今日吾苟善用吾動之之術決之數十年而已變而通矣日本其已然者也

上吳先生書

前奉手書言堅卻張尚書大學堂之聘濤輒以迫斯可見之義上陳諒達左右今得京信皆云張尚書欲遂其事已奏聞而報可矣而時報中載有畿輔紳士上先生書亦懇懇乎以大學教習爲請當路既不憚枉屈又上承一人之寵命下來千二百人之攀留仲尼不爲已甚以私意揆之宜似可曲從未審意旨所在乞賜明教去春得讀深州風土記至冬乃卒業未卒業時曾上書妄有所論其書疑未得達既蒙垂詢敢申前說河渠賦役兵事三篇嚴密而縱宕蓋兼漢書史記之長而遠識孤懷傲睨今古則子長所獨擅孟堅不能也自餘諸篇亦皆奇而法正而譎而論黃彭年張映樞及肆禮堂三事尤爲神妙其論人物或不立體格任舉一二事淡蕩似五宗世家或以數語括其人之生平簡要似先友記物產從

序仿貨殖傳序自仿法言奇古皆足與埒而識力過之總之體例皆自我創而變動不居文辭則翕受古人而并攘其美至於貫穿往籍抉擿指誤亦非國朝考据家所能湘帆序此書以爲古所未有濤許爲知言其時書猶未出蓋皆臆決其然及今讀之卒如所意二人之識視宰我子貢有若何如所評張劉三疏急思一讀羅疏則猶未見也有以辟疆世兄初至日本時日記見示者意氣壯偉辭旨深切而豁朗所造殆不可量東醫言其無病尤令人稱快俄約未定而李相遽逝英日聯盟俄與法亦因有密約異日之變不可窮詰天不憖遺一老將若之何不面受教已六七年沅弟入都令其趨謁門牆親承訓誨所欲敎於濤者亦望提示之使歸述如面命也文稿一册謹注所見奉還

復吳辟疆書

去秋讀惠書承知游覽東國欲偏交其賢士公卿而周知其政俗
術業以廣吾學甚盛甚盛後又得所爲論說數首文辭益高人咸
謂遠游之效濤則以爲得力於古者愈深新學方興而吾道有賴
至爲慶幸往者時會未至有言新學者輒爲世所詬病今朝廷欲
以外國學制育才而取其政藝之說試士學猶未立而趨時之士
或走四方以求師爭購西書惟恐不及民智漸開世運可轉此固
憂時者所深喜其憂之尤深者乃又喜而繼之以悲何也朝廷既
倡道天下以新學矣中國之書雖未遽廢孰必有所偏重其修舊
業者不過如胥吏之考故事幕賓之讀律法俗儒之集性理之說
耳先聖昔賢之所撰著通人志士之所編摩其精神意趣多寓於
文字之閒文字至深難知以世知重之而好者之多也而能之者
乃僅閒世而一遇今乃以胥吏之故事幕賓之律法俗儒之性理

當之吾恐秦漢以來知文之士遙承迭嬗流衍於數千年之閒幾絕而復續者將遂掃地以盡夫西國之學今勝於古學者皆用見行文字數十年前好古之士乃兼習臘丁今則學者皆習臘丁其好古者乃遞上而及埃及而於古希臘及羅馬人所著書尤加愛重新學日益興好古日益甚彼豈侈爲淹博視同玩好以供耳目之娛哉亦以今日所刱獲之理或由往籍所論載遞推旁觸而得之故紬繹之而不能窮其蘊也今中國之學百不逮古而於古人之書反淡漠遇之聽其廢墜而不爲之所豈不大可悲乎吾師逆知其將然也故於士狃舊習時輒以新學啓迪後進既知變矣則又急起而持之以防中學之廢大賢閔世之苦衷固學者所宜深體而急圖者也雖然人之才知至不齊也向無他說之奪所守而能與於斯事者會無幾人今方汲汲焉惟新是謀其於舊業雖欲

不爲胥吏幕賓俗儒所爲不可得也閎博通敏之才力能兼顧得不以文之在茲而引爲己任乎且道無古今也無中外也學焉已矣吾學已精而彼學之奧窔乃得而窺尋既藉彼以擴充吾學而竟乎其量彼學且因以愈顯不能者並營而兩失能者相得而益章此吾學有功新學之尤宜特重而非狃於故習者比也足下識高而才鉅力果而志堅尚友百世采風異域兼收博儲使出一冶固無古今中外之可言矣文章天下公器自今日觀之已爲吾師家事傳襲授受外人不得與聞而猶以區區之說進者屢蒙師訓輒以存中學爲言自顧衰廢難與有爲然猶不敢自外故私撰其說以進質耳非謂足下之事業尚待他人之敦勉也萬里之外以身爲本宿病頁已亦宜加慎

劉太夫人墓志銘

太子少保兵部尚書直隸總督項城袁公世凱治內交外聲烈赫喧朝野交推尚書則曰是吾母劉太夫人所教誡以責於余而余所恪遵而不能無憾者也太夫人為贈光祿大夫諱保中之繼室光祿公所欲為於家輒助之成有事於外則獨任家政光祿公沒率其初志不怠王姑壽百歲姑亦年八十餘唯諾左右入而彌虔沒治喪祭動依古經治家有條法雝雝秩秩豐儉中程稱其家族光善教子子六人長世敦前室劉太夫人出次世昌早卒次世廉直隸候補道次即尚書出後從父次世輔知府次世彤郎中皆秉母教學行交砥其服官則督責之益嚴而不累以家事尚書由是以身許國所莅有聲治兵天津遂成勁旅巡撫山東舊俗大改光緒二十六年外衅開天津淪沒京師不守兩宮西幸太夫人時就養山東戒之曰所不能固封守復國家所亡失迎還兩宮者非吾

子矣尚書於是斥邪鋤姦以息囂尨外兵不犯所部定互保之約東南不驚明年四月二十九日太夫人以疾卒年七十有幾時和議甫定而外兵未退兩宮未還臨終顧曰吾目猶未瞑也尚書再疏請回籍治喪優詔不許命仍署理巡撫李文忠公沒署直隸總督北洋大臣迎兩宮於順德扈蹕還京而索還天津甚力明年還津議定復疏請終制詔仍不許降服期滿補授直隸總督北洋大臣天津還移駐舊治所將大革興以新政化衆咸稱慶尚書泣曰太夫人不及見矣尚書既爲國重臣中外依賴而尚書之兄世廉以防河治軍發聞河北其弟世輔亦以屢參軍事有能名世彤隨使臣至英法諸國通知外事蓋皆承太夫人之志而竭慮效忠以勞王事也太夫人主持袁氏門戶仰事俯育周旋五世數十年如一日其始也鄉邑稱賢婦及其後而天下頌賢母焉前室劉太夫

入遺二女長適某縣候選直隸州知州王慶霖次適同縣附生周
鴻儒孫十九人克明克定克勷克成克莊克正克勵克讓克劭克
暄克智克綸克環克昭克善克端克權克誠克德天津既還國事
大定卜葬有日矣尚書將固請於朝賞假歸里以伸哀慕而令武
强賀濤爲墓銘銘曰
項城之袁代有名宦端敏在軍威攝淮汴司寇拯災夾河歡忭繼
者尚書聲益溢衍世高其勳推而不有匪我之能秉成於母母命
伊何勤而官守事難而疑母曰趣就義所宜爾何知後咎盛氣以
肯母曰恐謬道或在柔恃剛不久奉而弗失功與時遭母豈自賢
天子所褒而母有教予選爾勞母其往矣乃心王朝予且爾賴留
尹我郊母願則奢未觀厥成尚書被命以惕以驚卒如所期用報
先靈詔予告歸鑑厥哀誠九京有喜雖死猶生世勸忠孝其考我

銘

吳宜人傳

吳宜人者桐城王君光鸞子翔之妻而吾師摯甫先生之第四女也先生去冀州主講蓮池書院子翔就婚保定已而爲天津水師學堂教習宜人則依父以居庚子之亂子翔挈宜人避地於冀壽主冀之書院除旁舍舍之宜人既拜吾母吾母特愛重焉而吾妻及諸婦亦皆樂與同居宜人性明達通事理無世俗女子狀子翔欲有所爲恒與論當否所聞見必語之時畿輔大亂訛言朋興冀地僻左不知外事人心驚疑子翔來日有書問至子翔輒舉所聞以告吾家人亦往往得宜人一言以爲喜戚子翔性豪而智敏喜交游人皆傾慕官吏薦紳四方賓客無不造門請交有事或咨焉有緩急或質焉子翔竭誠相與而時謀所以讎答之者於宜人餽遺

宴飲宜人必自治所需竟日夜不倦而子翔賢能之聲遂顯於冀其舊從吳先生游者聞宜人所爲皆曰眞先生女也居歲餘亂事定子翔以知縣分直隸候補宜人從至保定未幾病卒年二十有幾遺二子男一女一子翔以書來請論次宜人行事且曰此吾外舅之意而吳先生書則言宜人病且死猶念吾母不置也吾母既深惜宜人之去聞其卒爲之泣下見吳先生及子翔書則數趣濤爲之濤既序次其傳因推論之曰禮經之所戒時俗之所禁所以防閑女子使不得竝於男子而有所爲者嚴矣而人之恆言有曰丈夫而女子賤之之辭也曰女子而丈夫貴之之辭也夫禮有所戒俗有所禁而女子而丈夫者世人猶相與貴之則是許其爲丈夫所爲也世既許其爲丈夫所爲而貴之而女子乃拘守於禮俗所禁戒而自賤焉此乃宜人之所鄙也若宜人則可謂能自貴矣

舉宜人所爲以風世而奪其所拘守則欲自實者無所忌而女子皆可爲丈夫此亦育才之一事也而今言變法者乃獨不言女教則何也

宗氏婦傳

任邱宗氏有賢婦其姑吾女弟也舅曰樹柟國子監典簿夫俊貞其母家定州王氏父曰延紱工部郎中婦郎中側室所生也幼失母依嫡母嫡母亦卒事繼母能得其歡心既歸則以事母者事姑言語動作如在母前無隱情無飾容叔妹皆幼日隨嫂以嬉無忤色歸未期年而病時劇時差苟能起必詣姑所行或扶牆及階則坐以升降而言笑操作如故察其所苦必甚於自言其任事必過人所期人皆以爲勉盡婦職實則用以慰姑而姑之愛之亦不異其子有所與必與叔妹均或優焉曰兄弟也當優其長者有事必

逸於叔姝曰孱不任勞惟叔姝亦以爲宜爾及病凡所需姑必手
治慮及纖悉病甚輟他業廢餐寢日夜守視無厭庚子之亂舉家
避地來貴以婦多病近姑不便爲除別室姑不許與同室居蓋其
姑婦相愛而不忍暫離也吾家皆歎異之明年移居河間已又如
新安病漸不支既彌留姑護視彌苦而婦之戀姑亦彌甚偶不在
側以目求意甚悲姑有戚容手止之於叔姝亦然人不忍見其狀
遂沒於新安距初病時蓋五年矣年二十有五既沒姑悲不自勝
其舅走書以告屬爲傳以慰其姑余序其姑婦相愛之誠而爲之
論曰嗚呼姑婦之際蓋難言哉煩辱勞苦之事責之婦者倍蓰於
所生而恩義之差服食之等降於所生者亦倍蓰焉恐其讒已也
曲防之疑其有匿情也陰伺之不問婦之性行何若遇之必如此
其視爲固然也久矣婦人內夫家外父母家古爲姑舅服期今更

爲三年所求乎婦一如吾子內吾家者吾家則既內之矣既嫁降其父母服爲期而父母之送之也必祝其勿反外吾家者吾家則既外之矣外而內之猶可言也內而外之則失乎事理之平焉以失平之事理施之父我母我不敢自外而終身與居之人其齟齬爲不得所安者雖相飾以文貌以善其終而畢世無坦適之樂甚者或至於勃谿此不獨婦之過也而世之立言者恆援尊卑之義嚴於婦而寬其姑今吾於宗氏姑婦之相愛既兩賢之不使婦獨擅其美則於姑婦之不相能又安能槪歸過於婦乎故稍爲異說爲嚴於立論者補事理所未備人苟能察乎事理而平心以處之如宗氏之不異視乎家人門內之樂庶幾可得而享與

魏堂先生八十三壽序

古之儒者恥言貨利其著書論事以不治生產困於窮餓爲高節

而術能致富者則不暇深論或從而譏諷之以拙催科釋通租庸人所勉能者為良吏而計臣所設施後世襲其迹而利用之者反追咎於始作之人國論習而不改二三千年來儒者託意高遠而國家時有貧乏之憂無惑也今世變日亟國用益絀窮而思變矣朝廷既以財政為急取西國之法而擇行之士大夫亦回心易慮汲汲焉以利國為要圖而其效乃未能遽著關權者財政之大端也而借才異域人之不得替人論者至欲使曹官遊學西國求其所謂計學者歸而效用國家豈非以綜覈權算之才不易得而其術非專門之業不能精與我從兄巍堂先生自弱冠領家事即以善居積著稱疾舒侈斂中窾協機孳乳挹注與時變動句其資以居市廛者其布於百數十里間歲上計簿按册以稽情狀發露莫得遁隱家始少有月累歲增遂以饒給其術之精而效之驗白如

此向惟世所不重故所施者狹而稱之者少耳今非先生之時乎
而先生則既老矣光緒二十九年先生年八十有三將以某月日
稱觴於家先生之子嘉枏屬濤爲侑觴之辭初先生之兄允吉先
生以道德文學里居教授自吾父與叔父以至濤兄弟皆從問學
而有事則取決於先生濤既入從允吉先生游又數受先生教戒
嘗思有以報之稱述家慶以致其私固所樂爲先生教於家施於
鄉者多庸行閭里所謂善人皆能之不足道舉所獨擅而有關於
今日學術之大者表揚之亦先生之志也先生性激烈其論世事
主維新之說有言變法者輒喜或爲異論則發怒罵之抱濟世之
略有憂世之志而無其時時至矣而年老不克有所施爲此可爲
深惜者也然猶幸有其時焉雖不復爲時用尚得襮所長於人而
還以自慰若仍如曩者之習於舊說則雖好妄言如濤亦將有所

畏避而不敢道恐爲儒者所擯也

書說易說序

以書契易言語命萬事萬理而通其意於人使之行遠而垂久其搆體離辭必有法焉所謂文也文之用至廣經者羣聖人所作其至焉者也神志所措注旨趣所流溢既一寄之於文卽文以求之如親與羣聖人相接對瞻容色聽聲氣而唯諾於其前焉更何有揣測之勞扞格之患古之學者用力少而成功多豈不以此也與羣經散亡師傳中絕訓詁義理兩家迭起而爭勝訓詁討故義理發幽二者固說經者所有事然不能切究乎法而心知其意徒曰釋詞闡理而已是析薪者不杝而稱物者手制其權衡也雖有得焉所不合固已多矣是故欲窮經者必求通其意而欲通其意必先知其文文從而後辭獲所安俯仰無所戾義與事比出入不離

宗求肖乎經而止經之意之寄於文者其法蓋如是也濤久從桐城吳先生游先生所爲文嘗得受而讀之其言古今著述往往論及其文亦嘗數聞其語矣而所著書說易說則固未之見焉既得目病遂以終不獲讀爲恨先生有子曰闓生游學日本將於日本印行其書以書抵濤屬爲序其言曰書說宗太史公易說宗楊子雲二書子或未見嘗以意求之太史公楊子雲固非孤抱一經如後世所稱經生者也而太史公書繼春秋而作其取尙書以敘虞夏商周之事能以意增損其文楊子雲覃思大道其著太玄乃上儗周易二子之文既庶幾乎聖者之作其於經必有默契於微而獨得其眞者先生文法二子即二子所得於經者進而求之知必非一家所能及濤譾陋不足與於玆事而闓生之稱先生之書與素所聞於先生者有合故敢聽決其說如此闓生又述先生之言

曰吾於古今衆說無所不宗亦無所不掃然則先生於二子雖尊尙之固未嘗拘拘焉固守其籓籬而不敢馳乎域外也儻更有陵駕乎二子之上者則益非濤之所敢知矣

吳先生行狀

先生諱汝綸字摯甫姓吳氏安徽桐城人曾祖諱太和候選府經歷祖諱廷森父諱元甲以諸生舉孝廉方正武昌張廉卿先生嘗銘其墓所謂吳徵君者也母氏馬其卒也張先生又有馬太淑人祔葬之誌自先生貴封贈兩世如其官先生幼喜讀書少長以文章見知於曾文正公遂從曾公受學同治甲子舉於鄉乙丑成進士文端公倭仁見其廷試策而奇之拔置一甲先是今湖廣總督南皮張公以第三人及第其策不用當時體先生所爲策其體亦異某公曰此有所效而爲之者抑置二甲以中書用曾公督兩江

奏調先生至金陵移督直隸又調先生北來補深州直隸州知州以父憂歸又丁母憂服除署天津府知府補冀州先生之言曰不可於上守吾法不可於法利吾民不可於民行吾志與學故其爲政可博美名取上考而實無裨於民且擾之者一不屑意逆民之情實則利之則毅然而行雖觸上官之怒不顧也初治深布政使錢敏肅公令復廢倉積穀州縣趣爲之先生爲言其弊以爲擾民獨置不復州舊有義學二百四十餘區其學田豪民攘有之前知州多注意於此屢變其法而弊不除先生曰上務其名民私其利不責實之過也乃廢義學沒入其田千四百餘畝歸之書院又爲書院追償二十年逋負五千金厚給師生廣置書籍而書院以興道光初議均減繇役知州張杰以爲宜用攤丁法均之田畝乃三分所轄村而更取之同治十二年謁東陵吏以故事白先生曰均

繇於畝張焘之議善矣村戸改變不常而班分而更取仍以故籍
爲率猶之不均也於是統境內田畝依徵糧册而一均之而均繇
之法遂簡易而無弊垂爲永式焉其在冀開冀衡六十里之渠洩
積水於滏變沮洳斥鹵之田爲膏腴者且十萬畝時財用匱竭官
錢不易得先生既上言大府以請苟可出力以助吾謀者無不通
以書情慼埶劫與相違復牘牒書問日數十發卒得白金十萬兩
而功以成功之未成先生與人書曰百計哀求情同無賴既成則
又曰吾於事百無一能至於籌欵可謂有作金之術矣其於書院
如在深州時故二州人士皆知務實學先生在冀久成材尤多兩
書院遂爲畿輔冠冀之役法合若干村爲一官村官村歲出錢若
干官取之官村村取之村戸取之官不問也已有不均之患
村之豐嗇戸之貧富今昔不同而官與官村之遞相科斂者不改

其舊而民之苦樂遂至夐絕先生一以深州均繇之法均之民以爲便在深代游公智開在冀代李公秉衡皆世所稱廉能吏也而今之稱道先生所爲者不容口於二公之治顧忽焉若忘以先生所施皆實政也先生既受學曾公曾公國士目之與聞大謀輒爲草奏李文忠公代曾公總督直隸尤倚重焉與外國互市通好之始中國人不知外事動輒召侮受欺李公出而外交之道始明其後交際事繁有疑難必取決於李公故外交之政皆所建立而仿效西法歲有興改其造端發難惟先生是咨而以章奏屬之張靖達公劉壯肅公亦皆虛懷接納訪以救時所急中國建築鐵路劉公發其端先生實勸之其疏先生所屬藁也先生數與諸公議天下事既行其言矣顧不樂仕進在冀八年引疾乞退李公繫時安危故先生竭誠贊畫知無不言數爲李公辨謗遭口語而未嘗有

所求嘗一入幕府已而辭不往李公以先生天下才說從計聽其居官所請無不允屢欲薦之而先生辭不強故先生入仕二十年未嘗遷官增秩而品服如初及乞退李公問其故先生曰無仕宦才李公笑曰才則有餘性剛不能與俗諧耳先生笑不言遂聽其去官而留主蓮池書院其倚辦於先生者如前李公失執先生爲盡力有加於初故祭李公文有曰不佞在門或仕或止跡疏意親謂公知己嗚呼賢者之相與固不易測度哉先生之學無所不擘究而以能濟時變爲歸宿於古人書率以文衡之以謂文者精神志趣寄焉不得其精神志趣則辭之輕重緩急離合失其宜而不能得其要領或悖其旨而旁趨又嘗言古人箸書未有無所爲而謾言道理者故治羣經子史必因文以求其意於古今衆說無所不采亦無所不掃文法司馬子長旁逮諸家以極其變其論事之

文無高論詭說不爲苟快意之詞必使言之可行行之可及海外諸國近百年中日出其所得新理施之政事遂致富强挾其術以來相逼日甚中國相沿之政俗不足以當之非講求其術殆無以自立三十年前先生固嘗以新學倡天下矣近更旁搜廣取窮險闡幽大暢厥旨而文益博奧醇懿侯官嚴幼陵先生博學能古文精通外國語言文字所譯西書自譯書以來蓋未有能及之者而必就質於先生先生每爲審正輒退而服曰非所及也其教人既以古學進之又必語以當世之務奪其舊習故自外交事起士大夫毀所不見以無所挾之驕不自量之憤爲進退失據之說譁之正論散布於朝野上下閒使當事者有所牽率不敢恣所爲旦氣亦因之不靖禍亂屢生而從先生游者則類能通知世變不爲時論所淆而以息囂厖啟愚蒙爲己任於古學亦能破除畦畛以所

獨得發為文章先生於學者引掖獎薦既出於至誠故學者多樂從而愛慕之意久而彌篤在保定十餘年深冀之人歲時往謁者不絕於途嘗有急需二州人醵金以進先生不能卻也光緒二十六年外釁開諸國兵並至京師不守先生避地至深李公受命與諸國議和以書招先生先生遂至京師和議成天子憂世變之靡有屆也大新庶政與天下更始而以作育人才為先詔天下用西國法立學建大學於京師以統攝之而命吏部尚書長沙張公為管學大臣於是張公聘先生為大學總教習先生辭固請不可直隸薦紳魏鍾瀚等千二百人上書先生請就張公之聘猶未應也張公欲遂其事遽聞於朝天子許之命以五品京堂充大學總教習先生既受命思報張公之知遇而慮學校初立其法未能盡善也日本用西法久學制尤明備自請赴日本考求之既至自長崎

神戶大阪與東西京所有之學校無不往也自文部大臣以及教師學徒與凡以教育名家者無不晤語也自大學下至村町之學其學地學舍與於學專之人學所應具之器物無不博稽而詳察也教授之法論學之旨則必深求其所以然之故求而不得思之至困日行數十里日接數十人而文部聽講尤必日至不少間舉所聞見之涉乎學制者編以爲東游叢錄既備既精在日本凡百日而歸復道還桐城至數日又如安慶謀立桐城小學堂議定乃遄還數日而病病數日而卒二十九年正月十二日也春秋六十有四先生蠶播中外歐美名流皆喜與過從推爲東方一人日本人尤信慕學者或航海西來執弟子禮受業其居中國者無不造門請見贈珍物通殷勤而乞詩文以今示其國及先生東渡傾一國人無貴賤男女皆以得一見爲幸更進迭來或伺候言動以登

報紙有識其國人趨謁不時使不得休息為不愛客者其國君亦
延見致敬愛而有識之徒則爭出所有自効曰吾國維新之初號
稱多才無先生比者見所纂錄則又以為吾國人自為論者不能
如此精審先生之始至其士大夫及中國人之居游是邦者結會
相迎謂之歡迎會及其卒則又相與弔祭為追悼會云先生友于
兄弟伯兄病屏去僕役躬執煩辱季弟病羸服食藥餌必具必精
苟可以娛其意竭財力為之得閒則守視不去積十餘年不怠叔
弟官山東亦多病先生時在保定歲走千里往省之為經紀其公
私所應為者兄弟沒孤寡皆依焉配汪氏封淑人女四人長適直
隸候補知縣薛㬎還次適舉人汪應張次適翰林院編修湖南學
政柯劭忞次適直隸候補知縣王光鸞側室歐氏子國生年少有
聰又游學日本學且成矣聞先生病乃歸女一所箸書有書說三

卷易說二卷寫定尚書一卷詩文集五卷深州風土記二十卷日記十二卷東游叢錄四卷所讀書皆章乙句絕其文辭之美者以丹黃識別之而評騭其醇疵高下其考證校勘亦雜識其中書數萬卷皆有手迹先生雖不樂仕宦未嘗以忘世爲高李公事業嘗以所學濟之又將佐張公以新教法雖未獲竟其志聲光所被已足增重國家激厲士氣而所采錄法明義闡尤可據以措施厥功偉矣其吏治於法不必書而紀二州政蹟必詳且盡者二州人皆以先生私我輒欲私報之故備書焉以慰我二州人之私也門人賀濤謹撰

吳先生墓表

海西諸國以新學强其政治藝術皆出於學吾國學不加修仿行其法久之不效而見逼日甚庚子亂後天子銳圖自强興革庶政

而以學育才詔用西國法立大學於京師府縣以次建設命吏部尚書長沙張公爲管學大臣張公爲大學求師薦桐城吳先生於朝命以五品京堂爲大學總教習望治向學識時務之士皆謂新政之行必先立學而立學莫急得師聞先生教習大學則相與鼓舞忭慰如政已成先生往日本考求學制歸未及至大學而卒則又相與壎鬱歎悼如學未立先生之學不名一家博采無我自信則不知有人擘討往籍攻堅發幽文從意顯厭乎人人之心論世事主變法之說三十年前吾國不知外事之時固已究攷西學因事託意發爲文章西書日多學益博奧精邃尤屬意詞章所箸述不標體格而必以太史氏韓氏之法行之於古書既因文以通其意又謂西書體例近於漢人之纂箸惜吾國之譯書者弇鄙不文不能傳載其意故嘗以詞章之說教人世運既變學術隨遷新舊

袪除就此遺彼甚或兩傷與且中於國事先生則採而和之破其
拘攣斂其浮誕相得而不相奪立學之始得先生爲之師學收其
效法乃可更而先生遽卒此固運會盛衰之所繫而望治向學識
時務之士所同悲者也先生諱汝綸字摯甫初見知於曾文正公
李文忠公嘗佐其幕二公謀國偉略皆與知之爲草章奏而與李
公交最久咸同以來西國東漸之埶日盛事變紛起情僞百出古
所未有鄙儒疑怪舞筆鼓舌李公獨執國柄中外叢責先生左右
其閒決疑發難輒引其端而持其後前後歷三十年李公卒能忍
尤肩鉅支拄危局先生性剛不能屈意於人故不樂久官既釋褐
知深冀二州未幾棄去而在二州所設施皆有百年之利世號爲
良吏者所不肯爲善待士在冀得士尤多每有興作所得士竭智
能憊精力日夜馳騖不倦深人亦來受役與均先生曰有事諸君

勸趨而吏此者反安坐享其成吾甚愧之去冀士講蓮池書院二州人歲時請問不絕有疑必咨焉於先生事則分任其勞常醵金以赴先生之急先生力卻之不發視冀人在保定者即以其金應先生所需事已乃白先生無如何先生與濤書自言受之有愧濤復書曰先生施德於二州皆視爲固然未嘗言報今稍盡人事而先生乃沾沾於辭受取與間是外我二州人也先生亦不復言庚子之亂避地至深會法兵將釋憾於深大府令州刺史急避刺史去代者未來而法兵且至人心驚皇先生日行街市以鎮安之援吾民之從西教者以辭使說法將而法兵竟退冀人亦數以禦患解紛之策來問先生爲籌畫甚詳二州既免於難感愛先生益深先生在官日以課士勸學爲事退而教授益思作養人才效用於時其教人必使博知世變易舊所守故從游之士言論志趣與世

俗異又爲延外國師習外國語文由是謗議四起當路亦與齟齬及亂民造讐外之說遂將不利吾黨先生夷然不顧難作幾不免而從游者亦瀕於危先生旣受張公之聘以謂諸國學制歲更月修久而後定仿其規範而不能得其精意恐難見功故有日本之行日人素信慕先生及見先生之來喜吾國有意圖新又感先生之勤於所事而虛己以求也自文部大臣及以教育名家與凡有事於學之人爭思有以自效其立學以來文牘外人所不得見者皆出之以備觀采先生周咨博考洪纖靡遺不得於心則往復質辨期達厥旨法難盡從使度吾可行改以就我疲神苦形至輟餐寢留百日竟得其要領以歸其歸以九月某日便道旋里明年正月十二日卒於家光緒二十九年也年六十有四箸有易說一卷尙書故四卷寫定尙書一卷詩文集五卷深州風土記二十卷日

記十二卷東游叢錄四卷曾祖諱太和妣氏左祖諱廷森妣氏左父諱元甲以諸生舉孝廉方正曾文正公稱其文學客而館之妣氏馬自先生貴封贈兩世如其官兄弟四人先生其仲也兄弟皆攸焉財用唸所取不問有疾必自守視服食藥餌不假人手久而不怠兄弟沒其妻子在先生所如前配汪氏女四人長適直隸候補知縣薛翼運次適舉人汪應張次適翰林院編修湖南學政柯劭忞續學工詩先生稱之次適直隸候補知縣王光鸞側室歐氏子闓生有軼才能文章通世務解外國語文濤嘗謂新學舊學皆當屬之斯人者也女一 闓生以書來將以某月日葬先生於某所乞爲表墓之文先生志事無待表揚闓生所爲事略言學術甚精亦濤所不逮而不敢以不文辭者輯纂言行弟子職也姑即所見及者述之盡其職云爾表揚之事非所敢任也

慶陽府知府步公墓表

公諱際桐，字唐封，號香南，姓步氏。先世自山西洪洞縣遷直隸之棗強，世業儒，多篤行君子，有德於鄉里。十一傳至登廷，步氏始大，官工部郎中，有節概，嘗卻賄數千金，人稱鐵面郎官，公曾祖也。祖履孚，廩生，妣氏師氏、楊氏。父毓巖，進士，河南泌陽縣知縣，有惠政，妣氏王公既貴，贈兩世如公官，妣皆恭人。泌陽公沒，家中落，王太恭人劬躬苦志，能教其子，家乃益興。子四人，公其季也。聰穎好學，家貧，食不飽，冬夜讀書空屋中，忍寒不寐，倦則隱几而志氣彌奮。道光二年舉於鄉，九年成進士，改庶吉士，授編修，充乙未會試同考官，其秋恩科鄉試充四川副考官，除御史，管理街道，某邸兵弁犯禁，重懲之，由是令無不行，衢巷修潔，道無隆窊。出爲山西平陽府知府。久訟紛糾不可理者，一鄉清之。民爭水利，使畫界自上，不得相侵犯以絶爭端有告人爲家奴孫者以所據契年月不合斥其誣某貸某財爲商而損其業訟經年嚴責其居閒者兩家感悟息訟擢河南彰衛懷道署按察使調開歸陳許道再署按察使自到平陽至是凡二歲河決祥符城幾沒卑職留工暴露城上八十餘日培圮完缺城賴以全河決塞以同知用旋加道銜入貲爲知府選甘肅慶陽府知府其治一如在平陽時不受屬吏餽遺而教督其所不及始至訪政俗於前政前政曰某縣令梗治已而令連忤公會縣有獄久不決民控於府公召令至親鞫其獄坐令於旁使觀之既定讞令語人曰前守不足爲盡力今獲所依諸君試觀我所爲奏課遂爲府屬弟一 安化貧瘠難治某令當之官不欲往上官告之曰賢守在事有疑難諮而後行無過舉矣寧州知州某既受代強委其所負於官者萬二千金於代者代者不能爭公爲理

於大府違復再三卒使分任所負於武弁亦皆接以恩禮而盡其力能文武協洽各勉所職紛理廢修所領州縣凡五治出於一署蘭州知府兼署蘭州臨茶道總督琦善公以勦番得罪公隨坐遣戍軍臺公有當世之志而敏於政事所莅有聲爲御史時公卿交稱其能上曰當使爲外吏以觀其效於是有平陽府之命既召見上謂近臣曰督撫才也故到官數月又有彰衛懷道之命河南巡撫牛公鑑嘗謂公曰君有異政吾當言之朝君且大用在甘肅琦公尤奇公才欲有所爲輒倚以集事特疏薦之公既爲天子所知中外大臣又數數稱舉謂可得所憑藉以竟其志已而奪官再起再躓卒不得大有所施爲時論惜之歸自戍所會粵匪北竄直隸總督檄公出治團練而欽差大臣慧成公駐淮陽與南河河道總督楊公以增馳疏調公參與軍事公既以連不得志而倦游矣又

多病遂辭不出咸豐八年四月二日卒於家春秋五十有七是年
十一月六日葬於所居村西之新圩配蕭氏封恭人後公十九年
以光緒二年正月五日卒子嘉謨副貢生後公二十四年光緒十
八年正月廿九日卒側室姜氏封孺人子嘉言中書科中書孫其
灝易洲訓導其濡附貢生曾孫以椁以庚公長兄雲儀先生謨際
遂成進士不仕家居教授學者嘗一百餘人公初從先生學既亦
假館於外以課徒罷官歸益以裁成後進爲己任孳孳獎掖惟恐
不及從游乃益思欲傳公後凡五世子姓繁衍皆以公及雲儀先
生之學自厲又各以所得推之從及鄉邦後彥宗步氏之學某其
教以交行相勉爭欲及門者日雲儀先生以來且百年矣何其盛
也始公以濟時之才出而應世未竟所施而罷當時世論固爲公
惜之奚及退而若悲以所學遺之子孫於彼一方乃見發世而流

風未艾君子之有功於世蓋不以出處殊也又奚必以世俗所謂幸不幸斤斤焉較量於其閒而爲之忻戚也哉光緒二十九年公之子嘉昌屬濤爲表墓之文時距公之卒已四十五年矣故既述其宦蹟復記其教授於鄉里者而推及於後人繼述之盛焉公之孫其灝來致其叔父之命曰吾父與伯父專力嚮學仲父持家政煩苦窘乏一任之不以閒兄弟學吾父與伯父學成名立而仲父竟無所稱於世吾父戚焉既以其官貤封仲父又嘗欲紀述其事用志不忘今子表吾父學行兼及吾伯父矣若復載仲父事以終吾父之志使吾子孫益知勤厲則所以貺我步氏者彌厚濤惟公與伯兄以學昌其家而得就所學繄仲氏是賴其功不可沒故論次其語俾坿於前文之末以慰其先人而詔其後昆仲氏諱際墀字綸閣

冀州直隸州知州保山吳公五十壽序

光緒二十九年保山吳公治冀之明年也政成化普歲仍有秋民氣大和耆艾頌歌於時公年五十賓僚屬以及州人士將以公之誕辰八月十四日躋堂稱慶言揚公德發抒民情而以祝嘏之詞屬濤濤惟公之爲政知時要務有堅定之識濟變之才所樹立蓋非世所稱良吏所能及庚子之變姦人造妖妄之説讎視西教擊排外人亂民雷動景附旬月閒徧畿輔當路者信其術欲倚以自强陽禁而陰煽之士夫亦多義其所爲戾狠横恣府縣不敢問或媚之以求自免於是西人所居焚毁殆盡而吾民之從彼教者家覆產破走死無地內亂既熾外釁遂開諸國兵並至大亂以興公時爲縣於獻獻有西教都講之所其主教者在焉教徒以避難麕集亂民環伺思逞公理遣執禁俾不敢發在執者或趣公攻之

不爲應勤王兵北來所過輒助亂至獻見公所設施聆其謀議不敢妄動而去所全活以萬計外兵既據保定將修怨於深州大府令州刺史急避而檄公署深州事公時在保定疾馳赴獻見其主教者白舊刺史見枉狀因曰吾署州事州境吾士民吾民也請止兵主教既敬信公卽發書止兵兵未至州二十里得書而還州境以安海西諸國與吾國通其始以傳教繼乃挾其貨財藝術求售於吾國而各以其國之政法編之約章不得以一國之治治之也此海國交際之通義而在吾國乃爲數千年未有之奇變愚民駭怪輒與抵觸士君子則遵守其相沿之舊說以接遇外人爲失體以參與外事爲濁流而不肯習其事蓄怒宿怨之既久釁兆而不思防禍已作而無以善其後又安可盡歸過於無知之民乎鄉者妖妄之說起自山東今直隸總督袁公爲山東巡撫廓而清之幾

輔變起而山東不擾公之保違人退敵兵屏障一方所施雖有廣狹之殊而堅定之識濟變之才足以破俗見而拯時難則一也古之號爲循良者治郡郡無廢事治縣縣無廢事而已他無稱焉已足邀上考而躋顯秩今外交事繁執與古異刀筆筐篋之才勉爲古循良者猶不乏人嘉其治行授以重要之寄而以其所遵守貽誤國家者踵相屬也觀公所爲豈非斯世所急需而不得僅以守士牧民之責責之者哉公之來冀適當立學之始立學新政之首務也其規式課程一仿西制拘學淺儒及粗知外事者殆不能究其義而善所爲公學觀其迺事挈其要提倡啓誘不激不隨人棄舊習爭自勸奮學政陸公贈以詩有便將此事累文翁之語蓋亦知此事非公莫屬也學興俗變新政可行視向之捍患振急厥功尤大凡所稱述不獨夸示公之功將使來貿者備聞其說識時要

務羣趨競勸以贊成公之功而播揚其美俾四方知所觀效則所推暨者彌遠而公救時之志可大慰至所稱治郡郡無廢事治縣縣無廢事公所莅郡縣凡十有二其治皆然此號爲循良者所優爲蓋不足爲公道也

宗君華甫墓志銘

君諱樹桐字華甫姓宗氏任邱人以府學廩生選爲同治癸酉拔貢生入貲爲內閣中書已而家居不出性義俠數以財經營善舉縣有大功役恆倚以辦爲鄉里解紛難弭禍患者屢矣好謀慮常如在憂患中稠人廣坐宴集之時往往爲不祥語衆默然君猶強聒不已至其頹然自放歌呼笑嘲又若棄百事而不一關其慮者余始與君交二人者皆年壯氣盛余謂君才堪爲世用君好余文以爲近古相期待甚高及皆衰老君既無所藉以自見余亦以疾

廢不能就所業各自傷感又頗相矜閔余嘗以文壽君言兩人者憂喜異於眾而敘述其情狀君報書曰吾始讀之而悲已而自笑知君年雖衰而昔時意趣故在也庚子之變亂民以妖妄之術仇視西教恣其殺掠官不敢問君曰大亂將作矣力戒鄉人之習其術者而以弭亂之方白諸官亂民大恨忌君者復從而嗾之將不利於君外兵至亂民潰散償從西教者所亡失於君家索財獨多外兵退亂民復聚又擾及君家君避走四方亂定猶不得歸僑居保定在保定逾年而卒光緒二十八年十二月十五日也春秋六十有二明年某月日反葬故里君季弟樹枏以書來告曰吾兄勇於為義鄉里信仗豪強忌之輒與齟齬吾兄不肯自貶卒為所陷憂鬱以終吾子知吾兄最深請為銘墓之文直書其實為長逝者洩其宿憤嗚呼亂民之起附和者眾斥言其非動遭慘毒而人之

有積怨於人者又或誘結其黨以快其私自朝廷大臣以及薦紳之士懼其禍者多矣君雖幸以身免而流離徙避不得安其居竟客死於外固事之可悲憤者也然愚者造禍智者當之巧者計脫戇者蹈之於古有然非一人之私恨見君之生平雖多激烈之舉嘗有時而放曠矣又安得謂其必鬱鬱於既死之後哉余嘗爲君父墓銘不復詳其先世君娶王氏子俊觀俊宸先君卒其墓碑亦余所爲也女二長適湖北候補知縣陳曾蔭次適候補縣丞裴瑋孫女一　銘曰

已屈丈引作寸咫以身濟物猶自詭我行踽踽彼淪詘既蠡我蹠又齒齮去之不與角距齒覩棄家如脫徵蹝一瞑不顧外膠解愉憂知不從譽毀

黃西臚先生七十壽序

候官黃君允中執齋余弟爲縣閭中辛卯鄉試分校所得士也壬辰成進士出余同年友諸暨陳蓉曙之門蓉曙語余曰執齋佳士也介而見之執齋執後進禮甚恭官吏部以公廉勤敏見稱寮友其鄉人則往往述其先世遺德而盛稱其尊人西疇先生以爲執齋所爲一秉家教余既聳然異之余弟告歸余爲言執齋之爲人弟曰黃氏累世積德而西疇先生尤爲鄉人所推服宜其有賢子也余弟至京師歸言執齋益明習吏事趨公益勤奮名聲藉甚而儉素如在家時時余養疴里中不見執齋六七年矣光緒二十九年先生壽登七十執齋以書來告曰吾家世業儒恆苦窮之王父時家益貧而刻苦力行不怠吾父率循先志罔敢或違衣食稍異於前輒屏不御曰吾先人未嘗有是也叢細之事不憚躬親曰吾先人嘗爲之吾不知勞也削所自奉以成善舉或應鄉里之求曰

吾先人有志焉而未及爲也其敎子弟必以身率允中服官京師
誨之曰勉勤所職以廣先業而吾家世守之舊則固不可忘也允
中在京師十餘年未嘗就養而儉約如初今將以吾父生日稱觴
寓舍願乞一言以壽吾親而敎允中以事親之道吾觀士大夫家
其先世類多篤行君子往往以淡定之志堅忍之操垂爲家敎子
孫才知名位過其所期或不能不變所守而濡染於耳目者旣深
固不敢泰然自以爲是而妄議其前人也新學旣興而破壞之說
起風習一變趨時之士將有猒薄老成斥其說以爲不足用者夫
新與舊不相悖也所宜破壞者迂拘之見腐敗之法而已若所謂
淡定之志堅忍之操因求新者所挾以爲資而趣之使進者也苟
其束縛必欲離而去之以浮動之氣夸誕之習從事於精博艱阻
之途所鄉既不得達而已失其本來不且如學步者之匍匐而返

乎執齋之才識磨礱淬厲自當與舊時英彥馳騖乎維新之治效用國家乃能反而求之兢兢焉恐墜其家教以守舊者求新以報國者事親其事殊其理一也余家居侍養不復與聞世事妄有所論不敢自任往在京師時蓉曙出所藏授經圖示余屬爲記授經圖者蓉曙幼時從父授經而圖之以志不忘者也蓉曙性激烈喜論時事遂將有所施爲顧猶以承親爲念執齋欲盡事親之道往求之師以決吾言之當否然後獻之堂上儻可慰親之志而博其歡乎

王重璽先生墓表

先生姓王氏諱瑞祥字重璽先世爲湖北黃岡人元末有伯成者遷直隸之威縣伯成生志剛志剛生榮榮生八子其季濬官南京都察院右僉都御史巡撫甘涼提督鄖陽荆襄有聲績王氏遂顯

十傳至先生之曾祖諱某祖諱某父諱瓚妣氏某繼妣氏某兄弟三人先生其季也先世多業儒先生獨弃儒而商家以饒裕讓產於兄子先世所遺不毫髮取性嚴厲人有過不少寬假從兄子某與人喧爭於市先生捉其髮使跪通衢曝烈日中久之乃叱去族弟某行無賴將破其家其母訴諸先生先生立起操梃往尋之至常所游蕩處某匿不敢出先生歸且復往而某隨其母詣先生謝痛自責遂改行見稱里黨王氏族姓蕃衍多能自贍給以禮讓稱先生益嚴督之人執所業無敢為非者為縣名族縣有昏喪先生嘗為主辦嫺族朋舊受事於主人者指付必當其能人皆樂為盡力所費財與所需物及卒事於所慮於始者無張縮而豐儉適宜喜施舍得其資以自存而感而知奮遂有恆產遺後者比比也由是眾情翕服惟其所令聲應景隨卒於咸豐九年年四十五某年

月葬於某配張氏繼配楊氏子元一舉人饒陽縣教諭元鐸人之才德有出乎其家者家必就而聽命出乎其族族必就而聽命出乎其鄉與邑鄉與邑必就而聽命既爲其家其族其鄉與邑就而聽命之人家族鄉邑之所有事固已耳熟目稔而心喻矣而才德又足懾服乎其人欲起而有所爲必能合羣力以圖之無扞格猜忌退諉之患而事無不舉古者黨正族師閭胥之屬率民治事即以其地之人掌之者爲此也後世親民之官少統百里數百里之地徑隸之牧令牧令不能獨理亦不得不藉助於所轄地之士民今新政初頒凡所興立猶恃士民之自爲於其鄉里而屢勸之而未嘗輒應者以任事者之難其人也先生之沒至今四十餘年鄉邑之人猶思慕焉以爲先生沒失所依賴矣又惡知今日所急需乎如先生者更甚於其鄉邑之所依賴者哉

謝倬峯墓表

君諱山壽字倬峯姓謝氏冀州人曾祖某附生妣氏某祖某附生妣氏某父某妣氏劉兄弟三人君其仲也少孤能自力於學爲名諸生善事母事無大小惟母言是聽有所進於母竭力以圖恐母慮其求之難且費財也輒自言其得之之易而損其物之直處兄弟間一如母意所欲出性篤厚而愛人有善揄揚之惟恐其不顯有不善曉以理不喻曲譬之必俟其悟而改而後已人既服君內行又知其愛我也皆以善自厲桐城吳先生爲冀州以實學課士濤主其書院講席州人有事於書院者皆質行君子相得甚驩君其一人也君篤於學尤與余善使其弟榮壽受業於余榮壽故從君學文行皆可稱君授徒里中來學者必使究討古書不汲汲於科第一如吳先生課士法而督行尤嚴雖小德必防閑之故從君

游者多純篤之士君卒於光緒十九年年四十四某年月葬於某
妻趙氏子潤廷舉人君沒後亦來受業潤廷通經術謹言行皆家
敎也孫樹聲樹棠君沒十一年門人謀表君墓潤廷以表墓之文
來請余旣慕君學行且嘉其敎人之有法也乃爲之詞曰西國育
才之法有三曰德育智育體育日本仿而行之其學科有所謂倫
理者而深識之士乃謂吾國專重智育有德之士殊少中國參東
西法立學而諸學所奉行亦皆智育之事蓋德育云者無課程之
可言學者無所挾以自表暴敎者亦無所據以爲旌別日本行新
法久國益治强不可謂非學之功而於所謂德育者猶有憾中國
新立之學規則未備又烏能獲益於旦暮之閒故縣其格以爲招
而未嘗遽責其實也德育之難於措立而不易收效蓋如此然觀
謝君敎授鄉里以躬行與學徒相敦勉而其效顯著則又不可謂

以德育者之無其術也誠能取其術匡新學所不逮以身為表陰驅顯責未必無成效之可期日本之譏或者其可免乎余久主書院講席學制既更仍留不去愧不能為君所為也表君之墓為發斯義以告世之有教人之責者因以志余咎焉

吳熙甫先生墓表

先生諱汝純字熙甫號斂髯又自稱玉屏山人桐城吳氏吾師摯甫先生之季弟也幼穎異喜讀書七歲能詩年十二三即以古作者自期邑人方存之先生講程朱之學以書與論學術甚辨方先生以為童子不得妄言而無以難其說與吾師書輒自署四海一人蓋用蘇子瞻詩四海一子由也年十五六所作詩文已編集成帙詩曰玉屏山人稿文曰斂髯文集於其邑先正方氏姚氏詞章之說皆能得其大旨吾師奇愛之以為過其兄遠甚其後得羸疾

不復撰述間有所作不能多也從吾師於冀州官所吾師有論箸必與質辨而評隲人之詩文輒曰吾弟云然由是以文學謁吾師者皆樂從先生游濤以師命主冀之書院尤暱就先生通州范肯堂以詩古文雄視一世每與先生接抑然自下不敢恃所長嘗封寄先生文於張廉卿先生張先生大奇之與吾師書曰吾不知我摯甫有弟如此也吾爲子賀先生性豪爽嗜酒善談論吾師觴客必以先生偕竟酒猶不令去曰汝倦且臥榻上汝去客不留也久之疾益劇吾師既以友愛稱天下於先生疾調護之尤苦先生自傷其體之困憊而遺兄以憂也爲冀州唱和詩序述其狀抒寫其懷於宴集時示諸客客皆稱其文濤默然先生語人曰松坡殆不可此文乎何無一言也人以語濤濤曰余悲之不暇遑計其他文出數月而先生卒光緒十五年某月日也年三十七吾師哭之慟

祭必以文其詞哀激與唱和詩序合觀之兄弟之相愛與所以相期待者可謂篤誠而深切矣而愛之而若奪之有所期而若或絕之神鬼可感天不我私則固愛之期之者所無如何而人世之至可悲恨者也其秋柩返故里其孤千里年未及冠纂述言行屬爲論次因循未及爲今且十餘年矣吾師沒濤爲行狀墓碑旣以新悲觸其舊恨而千里又以書來將以某年月日葬先生於某所請爲表墓之文遂書以遺之其世系具吾師事中不復詳先生配馬氏子千里亦好學痛先人不得竟其學而賫志以沒嘗以繼述爲己任是可慰先生於地下矣

書吳辟疆送籍亮儕之日本序後

辟疆以所爲送籍亮儕孫澤畬杜顯閣三序視余蓋因三人之游學日本而與之論學者也國家懲科舉之不能得才立學以造之

人皆以謂學制既備才且羣興可操券以待而辟疆乃私有憂焉其送籍亮儕也譏學者之非其才送孫澤蓄也恐不才者冒才送社顯闇也歎才者之無其時時固非才者所能自爲也時至矣其才猶可自見若取才於學而得其冒焉者則學者非其才矣夫學以儲才而招以入學者乃不惟才之求徒斤斤於規制之合離程課之疏密曰吾將計時而責效焉其冒才以應之也固宜既聚非其才者於學而使之冒以進則才者或不得與於學雖學而亦將不能與之爭時辟疆其知之矣或曰外國人無不學固得才不才而一以學育之奚擇焉曰中國始立學小學縣不過數十人中學縣不過數人安得無所擇禍變極矣欲拯之以學而促其速成而遂用之也夏安得不慎所擇況建置之初徒應以文不責其實入而成習將使國家所創舉一如他律令之奉行故事而既啟之新

機且復絕不尤足惜哉

東鹿謝君墓表

君諱某字某姓謝氏東鹿人性開爽有奇氣幼讀書穎慧過人稍長厭苦之弃去習騎射以任俠稱不問遠近苟有求立往不斉財不遺力縣多富豪競施予能役使縣人君家僅中產而趨赴之者尤眾埶傾諸富豪縣多盜其大羣至數十百人劫掠無忌官無如何君團結丁壯直搗其巢窟縛其魁獻之官盜風頓息禾稼熟輒有竊刈者君聯里人相守望獲竊者一人君詣縣自首而死者家已先至所指告多人無君名君曰我一人所為於他無與也縣令心奇之姑繫君獄君在獄歌呼嬉笑如平常里人餽財物不受也時盜賊蠭起遠近驚擾縣治團練眾舉君為長令即出君一委任之眾大悅所規畫應聲而辦巨盜張錫珠擾冀州令率團丁防遏

君請逆戰曰賊所至無禦之者出其不意先擊之雖不勝賊知我有備必不來若大衆渡滏吾力不能抗縣境糜爛矣令不聽君竟率敢死士渡滏與賊遇戛有斬獲卒以衆寡不敵戰死時同治元年十一月二十日也年四十三賊亦竟不渡滏縣境以安御史河間裘德俊上其事賞雲騎尉世職咸同間畿輔數被盜州縣治團練鮮有成績君以義俠得衆心故獨能合羣力以捍外患既以戰死士氣益厲縣人李全有起而利用之而束鹿團練遂著稱當世賊終不敢逼曾祖某妣氏某祖某妣氏某父某妣氏某配杜氏善居積得年八十其季年富倍君沒時子某孫某曾孫銘勛廩生今之論治者競言合羣矣團練亦合羣之一端也其假官執而行之者雖克有功固無與於合羣之事所謂合羣者各出所能以自效通力互資自相維繫而無藉於外執者也其羣既合不但足以禦

外侮凡羣中所有事其羣皆能自爲之有所施於羣實則有所獲於羣其事至便其理甚明而其效卒不可期者以倡之者非其人耳余表君墓獨揭其能羣之效蓋欲言羣治者知所法焉

黃小宋觀察益壯圖記 代

黃小宋觀察既圖其生平所經爲壯游圖矣庚子以後國家多事遭際不常而觀察已老乃別名之爲益壯圖當其流連山水賦詩飲酒賓友唱酬令人欲輟已所有事而置身其閒曠然若不知世變之已亟者及其勤勞王事奔走喘汗啟處不遑跋涉萬里不憚險遠則又令人勃然奮然欲舉天下事責之當躬焉由前之說乃幽棲之士游心世外以樂其樂者之所爲也由後之說則竊時俯仰以身殉世而指取功名者之所爲也而君乃兼而有之不失己不忘世豈非世所稱有道之君子者邪某既牽於職事失其自得

之樂而於其職事又多所曠廢而不能勉以圖之與君年相若而衰憊若此聞君益壯之說能不內省而滋愧乎

法政學堂記

國家政令頒自朝廷遞轉而下推匯而集於州縣有議而定之者有舉而措之者有督而察之者其攬巨細躬煩難責之一身而無所諉避者州縣吏也而今之州縣無曹掾佐史之分職無比閭族黨之專官其服役左右及董率鄉民趨吾期約者大氏市井粗鄙之才里巷迂淺之士又不足與圖吾事引以自助乃爲幕賓幕賓者不食於公家而公事因以舉廢立於功過之外而官之功過視其所爲官不可無學幕賓亦不可無學署直隸按察使長沙陳公議立法政學堂以課官吏之待闕於會垣及學律於司待應幕賓之聘者請於大府大府善之乃本公議改舊設專校文藝之課吏

館爲法政學堂以課官吏而司所建學則專課司之學律者未學
於司而願來受業者亦得與焉其學建於其居之西偏經始於某
年月日畢役於某月日於某月日開學其課以現行律例爲主而
輔以外國法政諸書自興學以來立法政專科自公倡始而兼課
幕賓則尤爲創舉公命濤記其事濤曰國體不變官制未更自督
撫以至州縣皆不得不倚辦幕賓而一國之事造端州縣其需幕
賓尤急幕賓非其人則州縣不治州縣不治國政且因以不行況
當變法之始凡所興立舉無故事之可求非有濟變之才偏物之
智不足任守士之責而爲之幕賓者又烏得不儲應世之具而遽
就入辟聘而與聞其政事哉中國州縣千有數百其幕賓且數千
人使皆顓顓於素所誦習吾恐千數百州縣中能舉其事者不數
數覯也公知其然爲立學以造之匡吏治而濟時艱莫急於此今

修律大臣以新律將頒無用律之才爲慮乃取法政之學課已入官者而速其成以待用若更采公所議下他行省使仿行益廣育才之道其收效不尤大乎雖然茲所論列特倉卒捄時急耳若其所學之理則彼列國者統萬有不齊之國俗百出不窮之事變迹所自始測其終極一以法經緯之詳考互參遞更迭改雖時有遺決之患久必就我範圍其事之繁賾其理之奧邃爲人思慮所不能到而習而熟之乃適得乎人心之所安其微妙至於如此豈口耳之學求之期月間所能得其意乎意之未得而持以應事撫拾補苴以逃責難可耳固未能卓然獨立出其所有禦不可知之變於無窮也公之立此學也其事則課司之學律者以應世所急需而公之意則以爲法者吾身與國家共之者也固盡人當知之以動其愛國之念而立吾涉世之準若特標之以專所學則尤宜窮

採廣涉既博既精充乎其量使隨所遭皆能以學自見而有所立焉以盡吾之職分豈弟如鄉所云云者哉濤既承公命爲記因幕賓有關於今日之治道故論列之以記其事而終推衍公之意爲學者勉焉

書吳虞卿軍門壽詩後 代

日俄有事於遼東朝廷防有他變徵湖北兵入衞光緒三十年春吳虞卿軍門帥所部以來屯駐通州軍門爲人明爽而溫厚善書喜文事與某交最篤談讌往來驩然無閒軍門初隸淮軍今湖廣總督南皮張公撫山西時調赴山西張公督粵督鄂一以軍門自隨而委以治兵之事淮軍芟夷大難鞏衞畿疆爲海內所仰望軍門皆身歷其閒淮軍廢各行省皆以外國法勒習兵而鄂之自強軍最著軍門實爲之統領在淮軍爲後進在鄂軍爲先達參與戎

政凡四十年勳績炳著張公數薦之朝朝廷且大用之旣北來授浙江定海鎮總兵仍留近畿不令之官而近畿之官民亦敬愛而暱就之惟恐其去之速也明年某署按察使來保定軍門寄示其生日所得祝壽詩數十篇曰乞子一言以紀其事因爲書其後曰文武分職相濟爲用世俗軒輊其閒遂分畛畦或至兩不相涉而事多不舉今朝廷控馭列强寄權將帥尙文輕武之習稍稍變矣而軍門之威德旣足厭服衆望又能以文事與士大夫交故士大夫皆樂與之游爭以詩歌頌祝以表其仰慕之意一時傳爲美談某獨以爲文武諧和所謀必協事乃可成此國家所深賴豈弟朋好一時投報之私情哉讀其詩歌望治之心殷殷然不能自已矣

送安徽按察使陳公序

吾師桐城吳先生都講蓮池書院時今按察使長沙陳公嘗守保

定吾師語濤曰吾居此久司道府縣數易官前後累數十人與吾氣類相感惟陳太守耳公門人即墨鄭東甫杲以質行樸學稱京師與濤同官刑部相友善其言曰吾於文學稍知門徑居官幸無隕越皆師教也濤既聞吾師及東甫之言輒想慕公之爲人而以未嘗一見爲恨其後濤以目疾家居不復能自見於世而公官通永道署按察使聞而憐之招之來一如吾師吾友之相待遇者居數月公眞除安徽按察使將行謂濤曰子既師吳先生而友東甫若爲文以道其生平慰吾懷舊之念因以寵吾行其可乎嗚呼吾師與吾友皆亡得與吾師之友吾友之師游處幸矣今又將別而思吾師友之情乃益有觸而發雖微公命其能已於言邪吾師以性不諧俗仕而乞退而憂時之意往往見於文字其論兩司之職以爲列國交通非明達外事能造謀興業不足託以封疆而封疆

之任嘗儲其選於兩司因歷數疆吏所宜爲者責之兩司謂當胥此以待用今外交事滋益多而改舊布新内政亦日以繁重朝廷以委疆吏疆吏則分寄之兩司其擔荷殆與疆吏無異而公所設施於畿輔者尤赫赫在人耳目爲四方所取法於任疆吏乎何有吾師所言引爲已責也久矣公既與吾師氣類相感吾師以所學警世而自屏閒處公則躬爲其難而老而彌奮吾師所謂吾二人之相與固不必遇之以迹者不其然與東甫志量宏遠其論學言時事大旨與公略同蓋亦氣類所感也不必更爲公言桐城有姚叔節永概者與東甫交至篤而吾師之門人也濤亦與有故舊今總教安慶大學公既至訪以學校事必深以得人爲幸而歎吾黨之多君子氣類之感推而益廣公又何必耿耿於死生離合之際哉

送吳辟疆序

歐美諸國古無聖哲之主作之君師故其民多族處羣分而自治後之有强力者雖能合衆羣以建國家而歸其統攝者乃惟兵刑其餘權利國家不能奪之民也民既有自治之權故其智漸啟而德日進民德進國政亦遂隨民而變而日卽於强中國聖人取民身家所有事爲區處條理而垂之令典民便安之一從上命唯謹久而成習雖不悅於政而無異議生於其閒故自有國政以來歷數千年而民之愚如故民不知變國政亦遂後先沿襲莫之或更而日卽於弱今列强環伺時迫埶危朝廷銳圖自强將采西國法仿行之以滌舊習吾則以爲國政與民德相消長者也西國之法恆由民變擬其既變者加之不變之民不善爲之效猶未睹弊且迭生適自累耳欲求無弊必觀民德桐城吳君辟疆識高學博志

銳而量閎抱濟世之略而無所遇以試其才考求政治大臣商部
左丞紹公招與西游用自附益可謂知人辟疆於西國政治討論
有素矣故於其行也更以民德之說進民德者羣情之發見隨時
隨地而著爲風習者也其事至雜而難窮其理至隱而難窮然不
訊其端末而泛言治術則必倚於一偏狃於當竟不能究國政所
由立而逆測利害於將來西儒欲定羣學爲專科以爲較他科學
尤難而不可不深求者正爲此也儻能用治羣學之法攬歐美國
政與其民德參觀之而求其所以借進之故推前驗後洪纖靡遺
歸而察吾民之狀態而論其所宜設施及其先後緩急之序爲行
新政之一助庶幾其效可期徵辟疆誰與領此至其政治之顯著
者則互市通好後往外國者接踵而使臣及留學諸生且久於其
國固已識其厓略今又特簡大臣四出訪詢更不患不得其翔實

又何必諄諄焉復以此責我辟疆乎雖紹公之欲藉助於辟疆者

吾亦知其不在此也

題陳少室先生印存

自有書契以來文字之體屢變而舊體輒以沿用復存漢時用六體書試學者以摹印章因之有篆刻之學其工者至與詩歌書畫同爲不朽盛業而古法亦遂藉以綿延於不絕獻縣多文學之彥道咸之間以藝術名者肩比踵接而陳少室先生篆刻之學尤爲世所稱重先生學有根柢與同時諸名宿以文采相矜飾凡所篆造皆追摹古昔後進之士咸慕效之新學既興士習一變六經且視同芻狗凡事之近於古者必欲屏絕之以爲快諸老風流恐遂衰歇牛君芳九官戶部有能名既通知世務探討新學矣而於其邑先正所留遺乃益加護惜間出少室先生所鐫司空圖詩品紙

本見示屬爲題識嗚呼牛君之意豈以是爲耳目之娱哉存古之思將於是乎在反復玩視爲之神往焉

賀先生文集卷四

尙君桼章六十五壽序

桐城吳先生爲冀州時提唱文敎取州及所屬縣聰俊之士聚之書院課以經史古文有用之學其老成宿望里居不仕者亦必羅而致之任以書院事班更歲代互引偕進前後得數十人政敎所宜興革禮俗所宜勸戒恆詢之此數十人者而卽以其事委之余應吳先生之招主書院講席獲與此數十人者相周旋每校士之期此數十人者畢來論學議事略尊卑之分泯主客之迹黜彼我之見翕然歡然不知其孰爲官孰爲士孰爲賓師也而生徒執業其中者亦相與維繫如一家各以所聞見傳播鄉里故其時冀屬多善政習俗爲之一變而吳先生亦嘗以得人自喜衡水尙桼章先生其一人也先生才敏而性和縣有公事輒就諮訪及在冀益

爲衆論所歸先生之子椿萩逢春亦來受學其爲人一秉父敎而所學則步趨吳先生諸生皆樂與遊余亦以得內交尙氏父子間爲幸吳先生去後書院舊人或物故或以事他往其留者三數人而已而先生猶任事不怠十餘年間吳先生風敎賴以永存而不墜先生與有力焉新學興書院廢先生旣退余亦以疾自謝去冀人不接於余之耳目久矣光緒三十一年余至京師冀人仕京朝者十餘人强半爲舊日生徒而逢春官內閣中書聞余至皆大喜過望依戀之情有逾疇曩余數從問先生起居皆言先生年六十五神明弗衰爲一方所信仗如故鄉人感慕將以明年某月日先生誕辰稱慶於其家乞余爲祝嘏之詞余在京師月而歸逢春改官山西亦且去謂余曰文成春我州人之在京者聽其所爲吾弗與焉此我州人之志蓋自吳先生之敎行冀之士夫能以學問相

挨結而先生父子性行又足以悅服之故戚休與同慶先生如自慶也今者學校訓廸之法董理之術蓋視往制加詳而建立之初人未貫習廹於埶而勉强爲之掇拾補苴以逃責難雖號稱美備而昔時誠樸敦睦之風稍衰替矣匪獨學校凡新政之令州縣自爲者亦往往類此其收效也固難先生雖老不復思爲世用而繫屬鄉里能輯洽其心使相助爲理如近世所謂團體者所補益於政俗實大宜鄉人之尸祝之也而余追念舊游感懷世變又烏能默無言乎

書天津徐氏族譜後

天津徐尚書以續修族譜槀本視濤屬爲刊正將以鋟板濤命兒子葆眞校其譌誤而質其所疑既畢役爲余言譜之義例誦說其詞而白其所標識者余既稍爲更定乃益抒胸所素蓄命葆眞書

其後徐氏自北遷以來世有名績可紀至巡撫公而益大族譜所創爲也其敘述先德洪纖靡遺而訓後之詞采錄尤備懇懇乎若惟恐子孫之弗克遵守也嗚呼達官貴人志得氣盛往往厭薄前人言行以爲迂淺不足道巡撫公歷官中外聲施爛然而撫念前人如此徐氏之久且益昌宜也今朝廷變法自强以西國新學詔天下而浮動之士於所學猶未及深求輒捃摭所聞西事以自矜詡遂欲有所施行其傳自往昔爲人生所必由古今中外莫能易者則或以其爲中國舊說必欲削除之以爲快視鄉所稱厭薄前人者殆又甚焉以其所挾恣所欲爲身與家且慮顛隕遑問國乎尚書始以西國法治兵遂參國政及入直軍機益以維新爲己任而巡警部之立又首命尚書掌之舉新政而責之一身凡所推施既燦然可睹矣及觀其退處於家方循循然恐或悖乎先訓汲汲

然以纂輯世德爲急務非施於家與施於國者異也將變所趨必定所守守之愈牢趨之彌猛惟其有定力而守其舊而不變也乃能於所當變者遭疑阻而不撓銳進而不知止而果有成效之可期也此豈獨纘徐氏之緒而益昌大其門哉繫國家實利賴之至若服習舊德恭謹自將而身列高位不能與朝廷大議如太史公所譏萬石君子孫者固知爲尙書所不取也亦豈巡撫公創爲族譜之意哉

跋紀文達公詩草卷子 代

科舉之不能得人固也然自古魁人傑士亦未嘗不出於其閒特患主試者非其人而取之不加愼耳觀河閒紀文達公主會試時所爲詩旨深而辭婉若惟恐眞才之或遺而歉然不敢自信故其得人爲最盛諸公題辭詩後亦莫不服其愛才之誠拔取之愼而

稱說之不已與試之官誠能體文達愛才之意而一如諸公所言科舉之弊必不至如今日之甚也今科舉既廢取才於學校視向之搜索於冥冥之中者則有間矣然苟未能究考其所習之業而省試之嚴且勤則亦無由判其淺深離合其去搜索於冥冥之中也幾何新法甫立而舊習猶鬨起而乘之將使吾法不效此非有事於學校者所尤宜加意者乎兵學不隸於學部獨領於練兵大臣予既會辦練兵事宜則亦與有作人之責又因以自警焉

題江樓送別圖

吾觀古人之詩或當無事之時愁思憤怨戚然若無以爲歡者而事運舛乖則又或高矚遐思蛻乎塵垢之外豈其憂樂大遠於恆情哉禍患所伏深識者逆睹之故常託物以寄慨而其曠逸之懷淡遠之志則雖蹈艱危躬勞悴必思有以陶寫而宣暢之而不肯

失吾素古之名能詩者類然憂人所不及憂於世事乃能有所補救樂人所不及樂而後氣和意暇應世變而神志不紛巡警部尚書天津徐公爲編修時嘗有事武昌其歸也湖廣總督南皮張公祖行於文昌門外之臨江樓旣歸而爲江樓送別圖光緒二十三年也二十六年十月乃賦詩十章紀其事大亂未定人心憂皇視在武昌時如隔世矣而公詩追述舊遊若目前事豈所謂樂人所不能樂者與其後三四年間由編修擢至巡警部尚書入直樞廷兼領諸要政遂爲國家重臣三十一年濤主公家公手此圖命爲題識且示以所爲詩曰自吾爲此詩後廢唫詠者數年矣察其意似以不暇爲詩爲恨而自誦其詩辭說旨趣意興猶昔也蹈艱危躬勞悴而不失其素如此其能荷國家重任又何疑哉濤衰老且疾廢矣聞公之言讀公之詩而察其所爲猶爲之意遠而神王也

武强賀濤撰代濤書者某也

題御製十臣贊册

天津徐尚書以高宗御製十臣贊册示濤屬爲題其後此册乃汪公承霈書以壽章佳文恪公藏於今廣東提學使于公家尚書見而好之而于公又舉以壽尚書者也當乾隆時方内清平百度畢張國家無事天子與廷臣以文字唱和媲古賡歌而公卿醻酢往來亦皆以古賢臣相敦勉何其盛與及今百有餘年矣世變日急循舊不足以爲治將取古法而更張之而鋭志謀新之士乃究其積衰之故謂法之不善古人實使之然而痛詆之不遺餘力夫立法亦各以其時耳時改法廢可也而遂追咎於古之人則過矣誠使彼十臣者生當今世其因時適變豈必不逮後賢而其以忠誠謀國以勤篤任事爲理之所不可變者後賢果能易一説以爭勝

乎無定識於中而憤時橫議皆客氣也客氣用事則發大難決大疑皆將恣意所欲爲而不思善其後恐或有潰裂而不可收拾之虞然則尚書之有慕古人及于公之所以爲壽視無事時以古人相敦勉其用意尤深切矣體此意而堅持之新政其可興乎濤愿人之激而失平而鹵莽從事也故承尚書之命而舉所窺測於尚書者發其凡俾覽者明辨而愼思焉

劉太恭人八十壽序

新安李君占甲子芳以光緒二十二年某月日爲其母劉太恭人八十壽辰將稱觴於家介其邑人楊秋泉舍人徵文於余曰贈公早沒家貧姑老疾子芳甫六歲耳太恭人獨立撑拄艱苦數十年事親以孝聞撫孤子成立資給日豐獲旌於朝里人稱頌大率以此而其大過人之識則有人不及知者子芳性聰敏喜讀書年十

四能應童子試矣以家貧不忍母之劬勞請學爲商太恭人曰若不背詩書之訓畢精力於所學克自表見於世商與儒奚擇焉子芳遂棄儒就商勉學不忘其後以內閣供事累敘知州加四品銜且就官太恭人曰人貴不忘本以此始亦必以終苟有補於世商與官奚擇焉子芳由是一意於商業益昌大義所應爾窮知斥財不少顧惜遠近慕悅言李君可信仗也舍人之言如是是足以壽太恭人矣古無賤商之説也周時特厚遇之諸侯就國輒與商俱庸次比耦世守盟誓以相信而相保其有知略者至能出私財爲國捍患而涉險以急公卿之難國家既與爲一體彼即與同戚休至於以犒爲施凡百營爲資以辦治雖其固有之能事亦由國家撫循之使得極力所至而竟其功也故其時窮鄉賤人苟能以財自修常獲尊禮於朝廷而賢士功臣亦往往藉此以行其德而布

揚其名漢雖有賤商之律實則陰重之武帝時遂登用其人懲所欲爲而國之艱困以濟其見重於世如此人之勸而趨之也固宜雖然太史公嘗深探其術矣所爲貨殖傳窮物情究事變既博既奧貫澈天人此豈盡人而能者哉非殫精竭慮以擘求之固不能盡其義而竟其用故曰不足於知勇仁強雖欲學吾術終不告之又曰能試有所長非苟而已也此其爲學雖儒者之致力於身心家國何以逺過而其效功於世如前所稱引雖坐市列肆與夫履高位操利權維繫於朝野閒者又何以異哉況即委其人以國事者乎漢以後士論漸高薄商賈所行爲汚辱而斥而遠之於是廢著積居之事乃專屬之浮偽淺躁之徒急微利於目前以幸獲爲得計無深湛之思久大之略其事既與國無涉而業此者亦遂無學之可言商之見輕於世且二千年矣今環海諸國以商業爲經

國大計自天時地理物產政俗及一切事物之分科以治者無不
畢滙其理而消息之以出納吾貨而商學以名學彌精則業彌廣
內治外交之道皆得藉以恢張而國之富強遂橫被乎四海而莫
之禦其功效至於如此吾國士大夫猶且笑之以爲彼外國之俗
則然豈可施於吾中國乎始泥於後起之說而不知考古繼執其
蹈故之見而不知求新所謂大惑不解大愚不靈者也及朝廷變
法所頒商律一如外國之所以待商人者新政之效惟此爲著然
後知回心易慮稍稍變所守焉而太恭人以一女子未識書策未
閱世變獨能於風氣未開之日而爲商與儒無擇與官無擇之言
爲士大夫知略之所不及斯亦奇矣子芳秉承母訓學日加勤亦
能自贍而濟人副毋所望若更即今所謂商學而益進之探其幽
遂拓其規模以助成新政而答朝廷之所期則太恭人之心將益

慰而吾所以致賀於太恭人者不尤有詞哉

陳文恭公手札節要序 代

武清張君珠農篤雅君子也喜讀性理諸書與余以學行相切劘光緒三十一年某月重刊陳文恭公手札節要於保定屬余爲之序公之學期於實踐不取辨論而以不欺其志爲歸在京爲翰林御史郎官出爲外吏自府道至督撫歷十餘行省入爲尚書遂登宰輔所至必行其所學以求吾心之安而其效固已大著唐鏡海先生所稱心與古印事與今宜者也無講學之名亦無專言性理之書惟與人手札必視其人之質性與其職守所宜而勸戒之深切精實公學具於此矣自宋儒括羣經大旨演爲性理之學以檢攝身心裁量事物求合乎往聖之遺言其說既允矣而承用其說者遞禪於數百年閒凡所臨莅效必顯呈此豈幸而致哉操之有

本故能隨所遇而應之無不當也今海外諸國競以功利相夸而言理之儒亦未嘗不究心性道其儀義有所謂知與意者後人於知與意之閒復益以情感之說知所以辨物也而情則感於物而好惡生焉意者致其好惡之情將見諸施行者也其言蓋與吾儒略同而即其言以考所為辨物之功可謂不遺餘力而防過其情省察其意吾儒所致力於幽獨中者顧置而弗講而皇皇焉惟外事之求宜其治功之盛陵轢古今震蕩區宇而求其本末交修表裏完好如吾國所謂醇儒則固無其人焉學之不粹害且及政彼嘗引為憂矣而所以矯厲之者乃未能得其方雖有德育之科奚益乎國家用外國法立學德與知並重而士之所趨亦必相矜以知而德日以漓所獲既難與彼爭所患且視彼尤甚理有固然無足怪者誠能取彼之長益我之短而即以我所長者為之基以葆

其固有之德而收益於無形則永久無弊之道也余承乏畿輔吏治民生兩無所補既取是編以自厲因發明其義爲有教育之責者告焉儀亦張君重刻是編之意與

華母姜太恭人九十壽序

光緒三十二年秋天津嚴範孫侍郎走書保定爲其邑人華璧臣員外之王母姜太恭人九十之壽徵文於武强賀濤曰往十年太恭人壽登八十璧臣稱慶於京師子嘗爲文以侑觴今吾邑人與璧臣同官京師者將復以九月二十六日太恭人誕辰合辭致祝而璧臣仍欲得子文子其無辭因以近十年中太恭人有大造於天津之事略覘濤鄉者濤之壽太恭人也以天津人才之盛冠畿輔歸本於家教而言太恭人所以教其家者甚詳以爲發端至微而收效甚遠其於懿德淑行自信能推闡矣不謂時異埶殊後此

十年之閒禍亂相尋太恭人當之乃更能以履常之德處變戶庭不出而運其籌略以禦侮而捍災也二十六年亂民滋事欲驅除遠人士民相慶謂中國自清晏無事太恭人獨深憂之以為大難將作外兵至居民奔走徙避太恭人獨不為動人心少安及外兵入城搜討亂民害及良善人大恐曰無以止之吾屬無遺類矣諸華受辭太恭人說其諸將獲全活者十八九兵既據城禁出入人不得汲於河學宮儲米數千石禁弗得糴人且絕食太恭人復授辭諸華令往說之禁弛而人得蘇其濟變之略如此壽鄉者乃僅以履常之德頌稱之猶其識之有不逮也然所謂人才本於家教而收效甚遠者其言則至今日而愈驗諸華承太恭人之命綏定一方益思效用於世璧臣以郎官入值軍機出納王命有大興革詔勅皆出其手駸駸大用矣璧臣之父昆弟五人而璧臣從父昆

弟又十餘人或仕宦有聲或從事學校或營實業以殖財或以外國語文教授旁郡類能有以自立其門祚蓋視疇昔爲尤盛而邑人脫離禍亂既被太恭人之德又感慕諸華之所爲亦皆殫慮竭誠欲有所建樹以自表見新政既頒畿輔首先遵行而天津一縣所構造獨爲美備非其人才質之特優有以激發之氣機鼓動不能自已也而其尤賢者躋顯貴掌機要功且被於天下溯所自來以觀厥後非所謂收效甚遠者乎侍郎始以編修家居出私財建學邑人踵爲推而益廣旁及庶務類舉遞興新政之行於天津獨稱美備者蓋自侍郎倡之太恭人敎其子孫以推德於邑人如彼侍郎率其邑人各盡義所當爲以終華氏之賜如此報稱其施所以壽太恭人者固有在也濤雖寡識又安敢不質言紀實而徒以浮靡虛飾之辭進哉

華母姜太恭人九十壽序

記曰不順乎親不信乎朋友夫親不順而友不我信則友之既信必能類聚氣感更責我以事親此自然之效也近世士大夫猶知此義故往來投報必體吾友之意以致敬於其親而致敬之大者則莫如祝壽之禮撰爲文辭敘述懿行禱其康强逢吉以博老人之歡而益勉吾友之孝思桐城吳先生謂今之壽禮勝於古之冠禮以此也濤既獲交天津華秋吟先生及其猶子璧臣員外志合業同歡然無閒先生之母姜太恭人有賢聲爲邑人所稱頌濤游天津時訪先生於家請拜母先生辭以事未果也然觀其門內熙熙然秩秩然而太恭人之賢益信今巡警部尚書徐公與璧臣同邑交至篤濤與尚書同舉禮部文字唱酬亦蒙不弃三人者相與會語每自述志事輒曰吾家教則然相樂也實相敬慕其後濤以

疾廢家居尚書閔其窮老光緒二十二年招之至都館我於邸第其秋爲太恭人九十之壽尚書謂濤曰曩者吾母六十生日曾得子文其邑人祝辭璧臣實書之吾則自書所爲詩再壽子之父母而璧臣亦嘗爲其王母丐文於子而屬我爲書其互慶而交勉也蓋久今太恭人年登九十子既爲吾鄉人致祝吾二人又安可不自盡其私乎吾書子文有其例矣濤敬諾不敢辭天津地濱海爲通商要區萬方輻輳士民開拓心目以意氣相高競馳逐於功利其能者固可得所藉以有爲而習俗遂日流於侈靡而不可止太恭人習詩禮有遠識數以謙謹之道裁抑子孫俾無奢縱庚子之亂脫津人於兵禍而不有其功年八十餘矣猶麤衣疏食親操作以率其家人如故昔尚書之母劉太夫人與太恭人所處之竟迥異而所以訓其家者則同故尚書勤勞國事勳績爛然而檢攝其

躬一如太夫人在時不少易璧臣隨侍書翊贊樞廷規畫庶政譽聞大章其躋公輔猶歷階而升若能自視欿然上承王母之志舉所見聞於庭闈者而奉以周旋如尚書之不違母訓所蓄彌厚所發彌光拓之愈宏斂之愈力國事既可賴以有濟而功名之際能善其始者又何患不能保其終哉事親之道將於是乎在秋吟先生遊宦大梁別十餘年矣請以吾此說白之使知曩廢故人於朋友所期待者百不能逮一二而其所期待於朋友者則猶初志也

楊耀庭先生七十壽序

往余在任邱宗君華甫家見新安楊耀庭先生觴質肫篤不矜飾容止就與之語謙如也意其人殆長者與宗君與先生爲婚姻言先生膂力過人年十二能舉百斤石稍長習騎射舉武鄉試同治七年捻逆犯畿輔人心驚惶先生結丁壯具糧仗爲守禦計人心

以安余從奮然異之謂非長者所能爲也庚子之變宗君攜家避地新安既免復爲余言先生於亂民時其剛柔而迎拒之亂民相戒不侵犯其家外兵至且釋憾於新安駐兵城内先生隨機以應外人無所發其怒與居民雜處竟其去不擾宗君故慷慨任事言及先生所爲輒自愧弗如余於是知先生之才果堪爲世用也其後余至京師先生仲子振鍔秋泉官内閣中書數與過從詢得先生性行甚詳先生既舉於鄉不復應兵部試家居養親不問外事而營竹石飼禽魚購書畫碑版以自娛族黨戚故藉以和柔雖有橫逆置弗與校卽嚴事我降禮與均所聞於秋泉者又如此乃余初見先生時所意得於先生者也賢者之不易測量固如是乎某年月日爲先生七十誕辰秋泉將稱觴於家乞余爲祝嘏之文閒嘗以謂重文輕武之習有自來矣武科所錄取率皆閭巷粗鄙之才

膏無知識不能與士大夫爲伍而守官任職者匪獨不諳文治亦且無武略之可言故不肯假以事權使聽命於守土之吏才智既無可恃又屈於力埶無所藉以遂其私埶不得不屈節於人低首仰給否則恣爲貪暴剝削其部曲所應得而威喝詐取於閭閻其人不能稱其官而人之視之也亦遂不能如其分以相施雖朝廷屢頒明詔謂文武並重不得軒輊於其閒而舊習終不能革也先生智略旣能捍禦災患而性恬退又能棲閑守默泊然無所求於世應世如彼自處如此學道之儒不能過也使其出而就仕雖世所輕慢以爲不足比數之官亦必克舉所職有以自效官以人重人又烏得而輕之今朝廷崇尚武功課將弁以學問一洗舊日貪鄙之習先生雖老不復思爲世用而暴所爲於天下吾知於近時尚武之意必有合也秋泉獻此文於堂上先生儻不斥爲謬妄許

爲知言則先生之賢雖不易測量而壽之淺識取所聞見而參決之者庶幾得其眞乎

書秦園詩鈔後

光緒二十年日本造釁於朝鮮士大夫攘臂言戰而集矢於李文忠公余閒與今學部參議孟君敍臣私語以謂國論不破事將奈何孟君亦引以爲憂因言右營都司寧河王公獨能不附衆議自申其說惜不得見用於時余聞而異之亟思一見其人未及往而公辱先施示余所爲文觀其旨趣如孟君言遂與議天下事已乃討究文術驩甚恨相見之晚會桐城吳先生來京師余疾馳告公往謁歸矣移時而公至笑曰吾以文謁吳先生先生爲加墨而攜以歸矣先生所言與子言無異察其意似甚快蓋公獻文諸貴人貴人皆怒[illegible]答鬱鬱無可語聞先生言乃自壯也公於朝鮮之

役既不以李公爲非因曰左公非不知事變越南之役特徇時論强言戰耳故李公得謗而左公得名吳先生誌公墓謂公言時事多與人意合蓋指此類三十二年余至京師公弟卓生吏部以公詩鈔見示曰所得於灰燼中者獨此耳其文則無復有存焉者矣余未嘗見公詩公文若干首杞憂摭言一卷則固得而讀焉大氐皆慨時事及自傷不遇之作其獻某公文言武職不得有所爲而趨奉上官有如臺隸激憤抑塞而詞旨詼詭殆與退之相近余愛其文而悲其意嘗諷誦之今亦不能舉其詞也吏部爲公行狀甚詳吳先生又誌其墓公不死矣既讀公詩百感交集爲書志狀所不載者於詩後慰吏部思兄之意且以抒余懷焉武强賀濤書門人衡水劉生乃晟與公同有事於巡漕既歸謂余曰王公數從乃晟問先生起居言與先生游處時往往更憂迭喜恣意所欲言以

爲難得之樂今雖久別而兩人情狀猶時懸於心目間不置也嗚呼懷舊之念余亦未始不如公而公則既死矣劉生又言亂民初起時王公理曉威喝冀折其萌或戒以禍將及我不聽久之亂民熱益橫公知不可爲歎曰吾力弗能制又不忍坐視吾不知死所矣言之之明日而及於難又書

烈婦瓜爾佳氏墓表

烈婦滿洲瓜爾佳氏讀書曉義理年二十歸工部主事書元之子吉賓莊婉敏勤克舉所職舅姑悅豫姻族稱賢吉賓劬學有大志烈婦又時以立勳名効用於世相勸勉曰子且志其遠大所當爲於家者我則代之及吉賓游學日本乃益以家事自任躬勞執煩事無遺漏舅姑喜以爲如吾子在家時吉賓既歸而病病逾月而卒烈婦事夫疾時殫力竭慮至廢餐寢已疲憊不可支又哀其夫

學成而未及施也一慟而絕救之不復甦遂以身殉光緒二十二年閏月二十二日也年二十有五工部君以聞旌表如例某月日合葬於某吉賓之阜民政部主事淩雲屬爲表墓之文女子從夫者也既泮合爲一體則宜仰承夫志自門以內事無洪瑣一埤益我而代有終俾其夫得脫然自拔其身以從事於外而已之甘苦榮辱則一視夫之所爲其志專其德恆故有夫在則從之而夫沒遂以身殉者夫從人而必身殉雖非禮之所期然其性之甘於從人則於此可見而先王順情制禮亦卽於此而知其不可易矣新學既興謂女子宜求自立與男子平權此特卽西國近俗爲言耳西儒溯生民之始以爲男子興立事業必得女子任役之使守吾所有女子不能禦侵暴必承事男子恃其力以自保衛爲主爲從乃埶之不得不然不敢違以男女平權之說爲信而東國大師爲

吾女子之就學者言爲學之旨亦謂西國女多男少且苦於生事之艱女子不能盡受男子之庇競欲自立以圖存久之遂成爲風俗中國之俗既與彼殊故當守舊訓無改絕域數萬里而所言敘倫之理乃有合乎吾先王知理之具於生初者盡人而同人道所由立也爲得因一方慣習指爲萬國通義而廢人道之常哉今設學以教女子才智將日益恢張矣余懼舊訓之奪於新說也故表烈婦之事昌言其義以爲之坊

宗氏烈婦傳

烈婦任邱宗氏父樹桐内閣中書烈婦其季女也聰明柔婉寡言笑而至性過人長兄不惠仲兄病羸既娶而沒姊早嫁晨昏之職以一稺女任之事無缺失父才高而性剛既無所遇於時鬱鬱不自得恆發怒於家人又多病病不時作烈婦委曲將順父嘗爲之

壽顏雖病亦無大苦烈婦之生也父以二子不克家冀復得男既生女也恚不使與諸兒齒稍長知其能稱我意則又大愛之寵異之於家人家人亦皆自愧弗如每欲借之以免呵責而烈婦則時在憂懼中億心罷神無一日得暇豫以自適也歸河間裴氏夫名璋河南商邱縣知縣祖謨之第三子也歸數月而姑沒在喪能致其哀及操家事兩姒皆曰勝我之先至者已而隨舅之官所聞姊與父相繼卒長兄病狂又喪其子亟思歸省以慰其母而不得時時悲泣不能自釋未幾夫病卒歸葬有日矣乃自經死光緒二十二年某月日也年二十五無子以夫兄子某爲嗣某月日合葬河閒某所烈婦有兩叔父樹楷內閣中書樹枏學部主事赴至學部輓之謂其死爲不得已而中書則以爲備歷人生艱苦蓋既悲其死復追憶其在室時所處之難而加痛且母曰死大善則更悲痛

之極矣予與宗氏裘氏皆有連而久在宗氏家於烈婦未嫁時事知之最詳故備列焉至其以身殉夫則鄉人之官河南者既上其事於大府而官京師者又以其叔父故同致書汴帥乞特疏請旌其節烈已表暴於當世矣固不俟予之贅述也

陳蓴齋先生墓表 代

川東道諸暨陳君遹聲將之官卜於光緒三十三年某月日葬其先君蓴齋先生於某所而以德清俞蔭甫先生所爲墓志銘示某乞所以表於墓者先生好學而嗜古尤喜聚書百方購索久而彌勤或貶損衣食以重賈求善本所得既多悉藏於先世所築授經堂而課子其中即蓉曙童子時讀書處也蓉曙官翰林以淹雅見稱儕友其學蓋一本於先生吾友武強賀松坡濤爲蓉曙撰授經堂記稱美其家學而侈言藏書之盛其爲先生壽言直比先

生父子於漢之劉向歆及近代高郵王氏其推重如此而俞先生亦言陳氏累世藏書爲越中冠後稍散佚矣先生能力復其舊蓉曙在京師得佳書必以奉親先生則大懽以爲善承我志俞先生之意與賀君略同某與蓉曙交最久每與論國家事輒慨然欲有所爲曰錄錄無短長吾父且嚴責我蓋先生雖不遇於時而未嘗忘天下之憂覘時政得失若利病之切身鄉閭義舉躬爲之倡爲州縣學官十年數以政俗所宜興革者言之守令其教子亦期以所學致用於世蓉曙守松江嘗一至官所見庶政修舉甚喜已而歎曰吾責效於汝者所居官不能充其量也先生卒後蓉曙以道員召至京師直政務處兼從事於練兵處稅務處所學於家者已推而彌廣矣今又使巡川東繼述志事庶其在此乃因其請而取賀君所未及言俞先生已言而未暢其旨者闡發之俾揭於阡俟

來者之論定焉先生諱烈新卒於光緒某年月日春秋八十有三以子貴封資政大夫曾祖某妣氏某祖某妣氏某父某妣氏某取樓氏封夫人長子舜發死寇難次即遹聲次沅次遹成俱監生女四人皆適士族孫五人訥附生詵優貢生候補知縣閭舉人廣東知縣諍監生寶善

杜潤生先生墓表

先生諱霖字潤生武强杜氏曾祖珍祖鳳章父金凱先生喜讀書冥心孤往不逐時好爲文質厚無雕飾屢困於有司之試學使汪公元方獨賞其文選爲優貢生既老應秋試如初卒不得志選授邢臺訓導年六十餘矣在官十餘年告歸光緒三十一年某月日卒春秋八十有一於某年月日葬於城東五里祖塋之次配崔氏子昌熙增貢生女二皆適士族孫志璜廩生志璟附生志璐志珩

女孫三人曾孫元恕元憲曾孫女六人先生精力絕人搜討往籍
窮日夜不倦治易春秋繁徵約取既博既精羅列几案皆二經家
言出亦必以二經自隨舟車傳舍無閒也桐城吳先生爲州於深
鑴深州風土記先生任訪碑碣負糧懷筆旁皇於積垣破冢之閒
爬抉土石攓剔荊莽而數百千年舊物終古無人省視者往往出
焉濤數問先生所獲幾何以某種爲最善先生爲分別言之曰此
與不但有功於吾州所益於吾學者實大其勤篤嗜古如此先生
雖壹力於學亦嘗究心世務欲有所待以自效曾文正公督畿輔
令州縣舉才儁之士濤隨先生謁文正文正問吏治善否民所疾
苦先生對甚悉出所疏時政得失十餘事於懷獻之既退竊其稾
曰獨可言之曾公不欲他人見也其後有興革之令每語人曰吾
言見聽矣既不得志於時則里居教授而以所欲施於世者利濟

我邦族先叔父鐵君先生性伉爽於人少許可獨樂與先生共事
嘗稱以爲沈毅有謀不畏難不遠怨縣有公事亦倚辦治書院之
廢而復興其功尤著從政門內黽勉孝恭宗族取法里黨慕效尤
謹祀先之禮家貧不足於衣食而捐田十畝爲祭田其在邢臺課
士有常期經先生指授者皆以學行見稱既歸糴時徒友益親附
焉自吾幼時所聞見武強故多隱居宿儒張衡庭先生文珠號稱
博通多士景附其子君寶先生有聲從子星垣先生有光又各以
家學獎掖後進學者翕然歸之吾家受業於張氏之門者前後數
十人杜氏則錦巖先生如阜荆山先生如川與張氏竝稱吾師溯
鄒先生法孟荆山先生子也先生爲吾師族兄亦各授徒鄉里吾
家從杜氏學者亦前後十餘人吾師宦游遠出既歸而卒近三四
十年先生獨爲鄉人所宗仰嗚呼道咸以來一縣之中耆儒碩德

代謝迭興及門之士皆得守師法以遞禮於七八十年之間久而弗墜先生沒而諸老風流盡矣鄉人及見當時之盛者或猶懷念而不置時移埶易恐遂湮沒而無聞故書其事刻之墓碑以詔來者雖然新學旣興少年皆厭薄老成以爲不足稱道後之觀此碑者果有追溯先正之遺風餘韻低徊而不忍去者乎蓋非濤之所敢知也

送徐尚書序

滿洲之地爲行省者三而各統以將軍時遷埶殊舊制不足以控變乃改設巡撫如內地而以總督兼轄之將軍故所掌者隸焉民政部尚書天津徐公實首膺東三省總督之命並授爲欽差大臣濤在保定上書稱賀以爲攝乎兩强國之間其地荒僻而遼闊其俗蒙昧而苟媮當死亡掇拾之餘赤子龍蛇並域而處藏納污垢

禍且萌芽捄之無方所患滋甚將抗稜而起癈必改向而易趨體
大事艱以畀東伯濤將躬親謁送閻公偉論展我宿蓄既見公公
詢以東事濤曰公意云何公曰吾政不修外侮且至既劫於外奚
暇自治因具言其所欲設施者完窳塞罅破荒革頑鍼石粱肉相
所宜施後先循節疾徐中程涵育萬有物具益該無有遺漏凡吾
耳目所經及所未經思慮所至及所未至無不探情以出取懷而
予雖欲有所建白竟無一事可假以進言退而自思終不敢默乃
取今日所不暇謀而爲異日之急務者爲我公言之列國以通商
故爭海權海之所包皆其權之所及今則將趨重太平洋太平洋
北路當我滿洲列國所屬目也故廣闢通商之所受列國之灌輸
公既至試行今之所言數年之後制定政成遐邇帖服民物之歸
繈至而輻輳其蘩衍當不減津海江海粵海諸關雖然商業之贏

縮視海權之弛張朝鮮既非我有若旅順若大連灣日本復得而私據之自朝鮮東行左轉迴混同江而北海岸萬餘里則舉而棄之俄羅斯太平洋之權已見奪於日俄兩國則權之在我者無幾存權不我屬雖日興月盛亦祇歸利外人而我不能與之角勝可憂孰甚焉公謂內治外交並重而相資以爲功今所以治吾內者果能如意所期則吾力既充故當推而致之於海以求信吾權與羣强爭雄於海上公雖未言吾知其蓄謀於中將待其時而一發也儒生之論闊於事情故不敢言當時所宜施爲而責以異日可期之效

書左文襄公年譜後

義寧陳右銘中丞爲直隸布政使時濤嘗訪以幕府人才中丞首稱今山東提學使湘潭羅公以爲知兵能古文所纂左文襄公年

譜言兵事甚精時書甫脫稾猶未栞行也後十年公守保定始得索而觀焉其言兵分四事佐湖南幕爲一事東征爲一事而西征則關內外各爲一事皆具事之本末而自爲一文於西事尤注重焉自文襄始受命西征至功成還朝其籌畫之見於章奏書牘者旣擇精提要而備載之矣而公所撰輯洪贍堅重一如譜所載文襄之文昔趙充國降服西羌言兵事利害及屯田諸奏翔實矜愼一洗賈鼂浮夸之習於漢文中爲最知體要班氏論次其傳亦卽仿效之而其文乃與充國諸奏無異文襄勳伐大於充國而謀略則同公所爲譜文如文襄與班傳之仿充國諸奏亦同惟其有之是以似之陳中丞稱公知兵能古文可謂知言矣公又以所爲王壯武公年譜視濤曰壯武中興第一名將也濤嘗以爲湘軍之興壯武與羅忠節公李忠武公勇毅公偕以俱出望實相埒而近日

士大夫稱述壯武乃不如其稱述羅李蓋羅李之軍夾江上下當賊要衝又日周旋於曾胡兩公間其事功學行多見於曾胡章奏及他所著文人喜讀曾胡書故人知羅李事特詳壯武獨提一旅別曾胡遠去轉戰於江西楚越之交其事之見於曾胡書中者視羅李爲略故聲聞之傳播不如羅李之博且久公文久見重於世既編壯武年譜推闡功行而光顯之其聲聞且隨此譜所流布而洋溢焉而人之樂讀其書者據以衡量當時人才亦將以弟一名將之稱爲不可易李習之謂人多孰於兩漢故事以班范之文爲人所好耳不其然與世之矜言功業者乃猒薄文字而斥習此者爲無用彼惡知功業之必藉文字以傳而文字之任又必屬之能者哉桐城吳先生撰深州風土記自謂篇篇成文公所爲兩譜挈大拾零捃摭遺佚至繁博矣而融以精意經緯成章如吳先生所

云因各論其大旨以歸重於文而書其語於左謂之後

上徐制軍書

自旌節出關時縣一新滿洲於心目中引領東向日月以冀而出居邊池隘於聞見所以締造而新之者究不知其方略何如竊以爲內治之術但使所設司道官舉其事人堪其官足矣外交則頗不易言日俄嘗以其戰爭之力據我土疆已而還我其埶必將攘我利權以自償其勞不滿其欲弗止也詭謀迭出剛柔兩窮而議者乃執其不諳理埶不切事情之高論以譏諷之譸愚懦不敢附和其說所欲進言於左右者惟在內交公當與政府約許以便宜行事不爲部例所拘雖有成言恐難深恃若忘息壤之盟興事造謀格於吏議仍當婉與辨論無與忿爭婉論則事理愈明不忿爭則瑕釁不作苟無瑕釁則我之理勝可以遂所欲爲此曾文正內

交之術也南皮相國項城尚書皆負一時重望爲國家所倚賴今竝召至軍機尤宜禮下之毋抗將帥在外未有與近臣不和而能成事者況荷殊寵握重權如我公今日尤易叢忌疾乎故爲公計莫若讓善巡撫而歸功樞臣有事則咨焉有疑則質焉使不忌疾我而贊助我以屈爲信吾事集矣自古任事之臣爲國家開物成務其卑躬降志委曲以求集事者蓋未嘗不如是也濤過蒙聲欬以衰疾不得拾補遺闕於左右故敢以愚妄之說進伏維采納

題文學館藏書記卷首

諸君既珍愛館所藏書而各爲之記都爲一卷就質於余或致慨於古學之就湮或欲防新學之流弊皆兢兢焉以保存舊書爲念而憤疾之甚者恐舊書之終不克久存至爲偏宕之辭謂苟能自立不必藉力於書而以書之存不存爲不足輕重持論不同詞皆

壯偉嗚呼舉衰病殘廢之夫處之無人過問之地聚閭巷枯槁之士相與講世所唾棄指爲朽敗無用之學人之非笑之也蓋久諸君不自斂抑乃張大而夸炫之是以人之非笑爲未足而益自章其醜也諸君意氣自豪余心滋戚矣記凡五篇爲之者陳獻廷嘉謨齊蔚卿文煥張獻臺宗瑛吳迂農之沆王中航汝楫也

誥封榮祿大夫吳公墓志銘

公姓吳氏諱繩會字墨賓號正齋其先江西人元太子少師後軍都督武昌總兵官文盛始遷河南商城生三子其一子遷光州之固始遂爲固始人而固始之吳特著累世以儒學顯曾祖玉森舉人戶部主事妣氏孫本生曾祖珣貢生山西霍州直隸州知州妣氏任氏姜祖貽植貢生候選同知妣氏祝父嘉孚貢生候選布政司照磨妣氏熊本生父書升拔貢山西候補直隸州州判妣氏元

公稟濡先訓益自振厲期爲有用之學咸豐閒捻逆擾河南張勤
果公爲州於光練兵禦寇公以諸生應張公之招遂參戎事治辦
糧仗軍實無闕隨以攻戰英果絕倫以功保知縣加運同銜賞戴
花翎公顧不自喜俯首就有司試如初同治甲子舉於鄉文藝精
美達官貴人皆以弟一人相待久之不得志於禮部試而以前軍
功所得知縣選授南皮遂之官調靜海以本生父憂去官服除署
衡水清苑曲周三縣事補授交河公性嚴重思慮縝密精力過人
治事省文書恒徹晝夜欺誣屏絕噎塞舉紛理有利於民不憚艱鉅
險危南皮城久圮不修完而新之醵金庀材民不煩擾靜海地污
下築堤捍河縣無水患在曲周交河躬禽巨盜姦猾屏迹嘗薦卓
異卒以性剛忤俗因事奪官公既思效用於世局於州縣不克大
有所爲輒有去志既罷遂浩然自得以歸居數歲張勤果公巡撫

山東強起公以治河有效奏復其官留以自助公慮吾志之終不克伸乃謝去自是不思復出而訓課子孫必使竟吾志事子四人篤孫籛孫箋孫篔孫孫三人汝翼迺翼成翼篤孫監生使理家政汝翼附生早卒成翼幼其三子及迺翼則皆縱使游宦而督責之益嚴籛孫舉人從項城袁公治兵以道員總辦直隸警務自創設巡警以來直隸獨稱美備為他行省所取法升京師外城總廳廳丞箋孫以同知從事留京營務調民政部由主事升員外篔孫以縣丞官山東洊擢知府迺翼舉人江西直隸州知州調法部以員外用皆有幹略見稱賓友吳氏益光大矣公罷官後寄居保定居二十餘年光緒三十三年八月二十九日卒春秋七十有八以子官封榮祿大夫配劉夫人婉恭勤順婦職克供繼配錢夫人明義理教子有法女三人孫女五人曾孫祥燕彬燕譽燕同光以來畿

輔廉能之吏多湘淮奮人結知曾李得是藉也故能迴旋展布遂
上考取盛名公所厝注一如古循吏所為視同時號稱廉能者固
無多讓而孤特獨立無上官之倚畀無賓衆之游揚未究厥長遽
擯不用此可為扼腕者也然君子之存心救時濟物而已苟用吾
術以普利天下其功固不必出乎己公雖屏處不與世接而子若
孫襲訓秉教以少壯之年服官京外聲績赫喧其為世所倚賴豈
有既乎公之志蓋可大慰又奚憾於其死哉將以某月日返葬先
塋廳丞屬濤為銘墓之文銘曰

猗嗟吳公命世之豪文武隨用乃殚所遭宰邑惟六菑褎荼嫥疲
氓飲德匪藥而瘳浩浩江河縮為涓澇猶攘詬謗擠賢掩勞吾身
則屈志不從降子孫多才木斲石礱驅應世需相樟璧珙展足奮
翩襗我桎孝所闕苟彌雖死無憾後且滋大始基惟鞏吾言有徵

銘識其家

寶慶府知府饒陽常公墓表

公諱如楷字司直饒陽常氏曾祖麟書祖鳳儀候選州同考際宸東鹿訓導贈如公官饒陽多富室相矜以侈靡而遨放自恣常氏尤以貲雄而公幼而靜默既長篤志於學里俗所好不好也以舉人考取內閣中書初入直訪事於其僚其僚不以告乃博搜簿册而潛究之稠人會集時無一語及觀其所爲雖老於掌故者不能眾鬻服有事輒就咨焉性伉直不能自貶屈故事中書謁諸王屈一膝爲禮公獨揖之同列皆引以自壯後遂沿用爲例嘗以公事謁某相國再往閽者不爲通公怒叱之擲牘而去其與朋好遊處尤自攝束不隨眾爲縱蕩之行由是名重京師諸公貴人遇之有加禮而忌疾之者亦眾軍機處選章京於閣部有讒於當道者曰

常某有狂疾遂不得與某尚書以譯署章京相强公以爲衆所爭趨謝不往還典籍以與修實錄玉牒方略保知府在任候選道以母憂去職服除弃其所居官以知府候選而選官時恒不肯詣部家居十五年乃選授寶慶爲治嚴而不苛其決事不動聲色務以理屈人諸生與武人鬨聚數百人愬諸郡庭公曉之曰此邦江劉二李何如人而若輩所爲如此吾爲若輩羞之諸生愧謝去先是沅州應府試者不悅於知府毆之幾死遂興大獄當諸生聚鬨時郡人聳懼慮有沅州之變而公乃以一言解紛由是士民畏服任所推施事無不舉郡中稱治居二歲以光緒十四年二月十八日卒春秋六十有一家故饒裕而公樂振施居官廉既卒無餘財粥衣物喪乃得歸既歸粥田乃葬配劉淑人後公六年卒合葬於所居千民莊之東北原子熙廉舉人浙江知縣熙庸歲貢生候選

府經歷女二適任邱進士內閣中書山東同知籍忠宣博野舉人齊葆瑚孫埥琦增生埥瑛埥璋副榜貢生陸軍部七品小京官埥瑄埥珍皆附生埥瑞埥琳公家居時余每過其家公恆默坐一室或手一編或臨摹古碑刻之其旁舍則二子擁書踞几羣兒環坐於旁誦讀之聲不絕也吾家與常氏世通婚姻余於公爲兄弟行而公長余二十一歲余嚴事之時從考德問業退而與二子游吐懷愫考文藝互慰交驩久而不猒公旣卒熙廉繼沒余亦久不過常氏迄今二十年獨埥璋游京師時與相見耳埥璋通古今中外學曉世務能文章其成就殆不可量余喜常氏繼起之有人而愴懷舊遊乃益不能自釋熙庸以埥璋所爲公傳走書抵余屬爲表墓之文旣爲敘其治行因述余酬接其祖孫父子閒者以致吾私慕而攄今昔之慼焉

復徐制軍書

月初奉到手書拜登厚貺慚悚莫名施及亡弟尤以爲感籌東政策於官報中獲讀大疏粗知梗概既蒙詳示益得窺見精深夫因事設官即以官興事官制既定萬端千緒皆可聽我指揮所難者惟在得人耳濟時之才世不多覯儲之學校亦非旦夕所能成即見所委任者策厲之可也公謂來者雖衆中駟爲多且不盡可用宜加淘汰蓋恐羣才之不足恃然既云淘汰矣則駑駘之資狻憒之氣擯不得與吾事其供我驅策者皆可稱爲中駟者也果皆中駟雖有遲疾無不可致千里者況以伯樂相之千里馬終當一遇而以王良造父御之中駟皆可爲上駟乎滿洲爲列强所注目羣思攘利其間幾使我有不克自主之埶日本駐兵間島狻焉思逞尤爲公義所不容特主人不問故彼聲生埶長耳今我起而詰之

不少退讓彼固難强詞以辨且恐取怠列邦理絀形格其術自窮既戢日本之驕心列邦雖强誰肎甘爲戎首滿洲固我之滿洲也主權一無損失而内地稽誅之寇草芟禽獮又將一掃刮絶若更以向所獻内交之說行之則提封萬里皆康莊矣又何險阻之可慮而顚蹶之足患哉定官制造人才禦外侮平内患公所言數大端振裘挈領若網在綱執而行之無餘術矣而譊譊不已者特繹公本恉而推言之非能有所補益也武錫玨以文字見知自當以文字爲報若委以庶務使拓其才識因以益治其文則所恃以爲報者當更有據安平弓均在奉已久從事學務名譽甚美而其志乃欲學爲政請試以事以觀其能而量用之

題行年七影圖

太倉錢公以儒術治吾州者六年被誣罷歸州人白其事於大府

奏復其官而公終不肎復出公歸後世變益急新學勃興士大夫皆舉夙所誦習與其傳襲於高曾者一切罷棄而汲汲於所謂新學冀有所指取於世以夸己而駭俗公於是時息影田廬保其所蓄志不遷奪泊然有以自得也久之以所爲行年七影圖徵文其圖自少至老歷記所遭而追念先人者凡五公之祖父皆膺疆寄樹名績爲世所豔稱圖所識顧莫之及而獨有感於家庭骨肉欣戚之故以永孝思其一則皆好古者之所爲也循其旨趣殆無一不與俗所鶩者相悖其賓而不用既賓而不肎復出也亦宜夫變舊法以求自强固救時濟世之士所急起而圖者也然當新故厭欣之際人心浮動猋舉雲幻莫測所歸苟無純篤廉退之人參與其閒以閑制之恐曚進冥索誤而旁趨既失其本來而於所當求者未覩其效而弊且環生也余私憂之久矣觀公所爲如救沈疴

之遇岐拊焉雖然諱書疾者多忌醫儻以其術播之人人懼公文因此而得謗也

古文四象序

道極於文而爲文必取則於古景躡轍蹈其義法也義法由體例而生故編輯文字者率序次體例而彙其類以別部居桐城姚氏及曾文正公之說尤號爲精審雖部所統攝猶未能居其所而止而不遷而文之體例要自是可指而名求義法者便焉此編輯之美善者也至舍義法而求之精神則其人之性學才識隨所感觸各肖其中以出而不自知無定形無常位冥合之可也烏能據以起例而條分流別示人以所由入之途乎故從事編輯者莫之及焉曾公既變通姚氏說鈔經史百家又因姚氏以陰陽論文之恉衍爲四象舉數千年與時變遷不可究詰之文一以所取象類之

殊式異貌向之分隸諸部者皆得雜廁其閒相遇以天機不復知其色物九方皋相馬之術也此精神之說也公嘗自謂是編失之高古夫非猶是鄉者所纂錄之文乎而此獨病其高古豈以屏舟車而御風而行非有道術之士遺脫凡近游神太空未易強而幾與雖然道極於文不騖其高者古者道固不可得而傳姑縣其格以爲招能者從之俟焉可耳公手定本世所未見冀州趙衡湘颿將依桐城吳先生所寫目次印行於世而屬余發其義余乃述先生欲傳此書之意而序之

歐太淑人墓志銘

太淑人姓歐氏年十六歸吾師桐城吳摯甫先生爲側室嫡夫人莅家嚴厲嫡女有性驕使氣既寡而居母家者朝夕接酬若履險危如是者三四十年既卒且葬子闓生來求所以傳太淑人者曰

吾家事子所知吾不敢祕吾母處人所不能堪之竟歷數十年之久無愠色憤詞闓生六七歲時耳目所觸意輒不平吾母訶之曰汝兒子當讀書習禮義我能安而汝不能安邪其有容而善養如此儻不敘所遭直使顯白於世則吾母之德弗章已而泣曰寧使母德弗章耳其事闓生不忍述雖吾母亦不欲暴其事於人使從而議吾家之短長也濤既敬太淑人之明大義又悲闓生之意乃摭它懿行為志墓之文太淑人初不知書以教子故自課久之遂通文義吾師數詔人以新學太淑人聞而好之曰固宜然吾師嘗交外國人凡所交太淑人必與其家人往還訪求外國事嘗欲徧至薦紳家說其婦女如西士之強人入彼教者以興女學而區畫其規制甚具遂欲施行以無和而助之者而止其後新學益興人漸知女子之當教乃歎太淑人之蓄志於俗習未改之日其識為

不可及也吾師不言有無嘗爲一州都講蓮池書院前後三十年所入悉兄弟戚故取用立盡太淑人不名一錢無私藏衣服節約如里居時吾師卒後闓生編譯書籍講授諸學校又應山東巡撫今直隸總督楊公之聘用益饒太淑人居處服御不改其舊而輕財好施予周卹族婣惟恐不徧聞國民捐之說大義之曰是盡人所宜爲也出五百金爲女子倡又命闓生以重金助安徽築鐵路而振水災光緒三十三年某月日卒於濟南享年五十有四嘗受太淑人之惠及驚服其才識而義其所爲者皆流涕太息而英國某女士則以其國頌祝之詞誄之曰天上人日本文學士某亦稱爲文明國貴婦人嗚呼太淑人蹈道委命既比於閨修之君子晦匿而不有其名而其所自表見乃能動俗聳眾雖新學中所謂志士引所宜任爲天職以振發懦頑者無以過焉此可謂知學矣其

葬以某年月日濤既序次其事而屬南皮張宗瑛爲之銘其銘曰
陰教褰晦婦失才猗淑人起抉翳霾西闚東闓鍼引磁日月爓幽
光窔宦收爇歸土吁可哀

外務部尚書袁公五十壽序 代

光緒三十四年八月某日爲太子少保軍機大臣外務部尚書項城袁公五十誕辰天子既寵嘉之錫以祉福公卿大夫士亦相率稱慶於其家而外國客與焉某則以職於吏事不得厠於稱觴者之後然嘗爲公屬吏與聞軍國之謀其謀之大者在用外國法自强因述中外國埶而抉其盛衰之由與夫今日所須行效已驗自而後可收其全功者爲祝辭以侑觴人世交際之道有施有受施者推所有以與人也與人而不取於人久之而其術將窮受者取人所有以自益也以人益我則恣所取以適吾用而致行有功海

西諸強族當中國盛時蒙昧未啟埃及其施焉者也希臘受之爲希臘羅馬又受之希臘而爲羅馬然有所受而成國而不能更有所受以持之則其道亦終出於施施者衰而受者盛矣後起諸國已受羅馬之薰炙而東征諸役復濡染於東方之風習以歸其後千百年間求治益急競起偕進相師法無已時以迄今日而後起諸國其治強遂十百於古所稱名邦以所受者多也中國聖人首出法制明備足供衆求而異族環居鄙無文治故其道利用施即有革興移易其舊而增損之未嘗有所受於外也今列強內向搴挾其術略技藝中國所未嘗聞見者以臨我我所固有不足與之相持既窮於施道將在受執迫機發待人而行公抱濟世之才應時以出朝廷遺之鉅艱自爲疆吏至領外部秉樞要一以新政爲己任法來自外府儲而海匯之變施爲受公謀居多夫西國之強

之由於有所受固也然彼之受之也銖黍以積之屢續以成之譬之居室由富美以溯完合遞推而上已在高曾以前矣今我所受於彼者則萬端千緒之所經緯窮歲累代之所構造一旦而畢集吾前其搜訪之勤貯蓄之博已超越乎西人推而行之庶政更始民氣浡興其收效亦視西國爲速後起爲雄彼國固有明徵矣而猶謂我所受於彼者終嘗讓美於彼焉豈明執達理之論哉某繼公之後代匱綏疆跡躡轍循益曉然於公意之所曆注而以施受之說稱道於賓寮之前者則不獨章公偉略以贊協恭而自附於規隨之列亦欲外國客聞之俾知中國有人愈思獻所有以助我新政不使一國有獨行之善制一人有獨擅之技能而並泯乎施受之跡則大同之風庶幾可見而公之功亦遂於是告成焉此尤稱慶之賓寮所同聲頌禱者也

外務部尚書袁公五十壽序代

光緒三十四年八月二十日爲太子少保軍機大臣外務部尚書
前直隸總督項城袁公五十誕辰畿輔人士食德已久怨公之去
我而喜其所施彌廣而效且彌大也其官京師者相率稱祝於公
之邸第以致其私而之洞與傳霖爲之詞曰海國互市通好西方
之風習遂東其政治藝術實足以拓知識而致富强咸同以來爲
國任事之臣輒仿效其所爲用自附益之洞在粵在鄂亦嘗竭蹶
以圖然前後數十年間所仿效者特其藝術耳於政治則尚守吾
舊未議革而更之也變法之詔既頒在執諸公乃條舉西法之利
我用者以聞而觀望遲回猶未敢輕於一試公督畿輔乃毅然爲
之無所顧博采精研破愚起懦百端並舉厥效大章朝廷取公所
已爲者風天下四方踵武凡所興作諮而後行或借才以舉其事

故論者咸謂法之變倡於公而收效始於畿輔畿輔人士相與慶幸傳霖入直樞廷得公章奏而反復之亦未嘗不歎其謀國之忠任事之勇之有過於前人也法之變也與天下更始矣而國體則仍其故無改至考察政治之使四出乃思公權於民如東西國所謂立憲者其端實自公發之使歸報命公以疆臣與議遂定大謀於是有憲政編查館之設列國言政治之書日以充積研求其理者茲益多其憲法號稱最善之國則更遣使究其法所由行與行之之效而吾國通曉世務者又各據所聞見以爲言釐繕燦列衆說雜投采而用之綴輯整齊規條可立具而施行之遲速則以國埶民智與諸國不同有宜審計於先者集思詢謀久無成議而海內喁喁期望皆以爲非公莫屬天子亦以公能斷大事召入軍機未幾而廷議遂定衆望已塞人心大安公之功於是爲大唐孔戣

自廣州刺史召爲吏部侍郎韓退之爲廣人頌戣之德曰海鏡之險既足既濡胡不均宏俾執事樞蓋言廣人不忍戣之去而又惜其在廣所施之不遐也吾鄉人士於公之去戀戀且怨且喜思以其情爲祝嘏之辭意乃類此而某等猶有不能默然者豈憲之豈既定前此所營度後此所維匡其難且倍於今所爲非直徹事始終參以機權貞以定力要能無躁無厭不震不擾以冀其成某等耄無能爲故屬望於公者彌奢而歲強壽者之祝乃益不能自已也

兵部郎中永年武君墓志銘

君諱用章字某永年武氏其先大谷人明洪武時有名文舉者以進士官刑部主事始遷永年曾祖諱大勇武生祖諱列諸生父諱澄清進士河南舞陽知縣有能名皆贈通奉大夫曾祖妣張祖妣

趙前妣李妣李皆贈夫人舞陽在官時君侍母理家政舞陽告歸入貲為兵部郎中已而以親老弃去里居養親不思仕進而益肆力於學其學無所不闚而於鄉邦故事尤所究心以為學以致用也既不為世用吾將用之吾鄉自郡縣志外前史所紀錄文人所譔纂苟有涉於其鄉無不搜輯其耆舊之留遺於世族者往跡之傳播於父老者以及風謠鄙諺街巷談議亦皆周咨博訪燭照而籌計之永年廣平附郭縣其視郡事若荒蕪之田之待耕癈疾者之待我而起也性強果英斷勇於有為不畏難不避謗而思慮縝密周有遺漏守令皆信任之郡縣事一以委君士民大和惟君言是聽所為皆立辦同治間捻匪擾畿輔君練鄉兵為守禦之策賊不入竟光緒初大旱振救災民親執煩辱憊心罷神數閱月無怠容所活以萬計其塞決河立水中督功役晝夜不息數日而堤成

人尤服其能廨宇倉庾及一切營舉之務新修舊皆身爲之而手
定其章約一稟官役尊立教章而書院爲尤盛任事十餘年歲入
既加於前乃益拓其規制生徒日衆課業日進所聘師若今江蘇
按察使大興臣公鍾琦太常寺少卿寧河高公賡恩皆畿輔俊彦
所造士亦多貴顯知名於時戊戌己亥間君年且老精力亦以積
勞耗減遂閉門養痾而繼君後者有疑難猶就決焉君歿後再
至京師郡人皇然如失所依及君復弃官歸則又大相驩慰以一
方爲郡人所信仗者三十餘年三十三年某月日卒春秋六十有
四君學問淹貫人始以畿南文獻歸之後遂倚爲一方保障既卒
郡人走相弔曰吾屬無所庇賴矣配李夫人繼配傅夫人子敬績
娶人繩緒伊緒皆諸生女二孫某某君有弟早卒以繩緒後之變
法以來百端並舉州縣所宜興作將領之規則聽民自爲然拘傳

牽於舊聞所難強與從事而輕銳少年於法政粗涉其藩亦何能遽責以負荷故自治為眾政之本其制未立恐他政將有所沮格而不行而負願紆回憫於一發者得人難也為人所信使如君豈非世所急需者乎而不能少待以死此望治之君子所同為歎憾者也豈僅其郡人之私悼痛已哉敬緒以宣統元年某月日葬君於其徽銘於武強賀濤銘曰

胡儲之多而施不遑世方我需不竢則那匪厭而避生與時齮最所已得是用歎嗟

馬太恭人墓表

桐城吳摯甫先生汝綸有良配曰馬太恭人先生於兄弟為季而太恭人君姑同產子也幼育於吳氏既歸吳家呼為小妹姑兒子宦之太恭人亦致孺子慕於姑朝夕不去側信所憂疾病所需

輒應念而辨熙甫先生高才好學以羸疾不能自樹立仲兄游仕
譏輔隨以遷徙居恒抑鬱不自得太宗人悲其志時慰解之而省
視加謹一如侍先姑時熙甫先生既沒久之盡室歸桐城性仁慈
既率其性以自盡於姑與夫姑與夫沒乃壹心力以鞠育其子若
孫惻焉憫焉若風霜癘疫之獨中於吾子而勞苦憂恐之交困之
也若居室所恒有不足以適吾子之體而稱所懷也其於孫也亦
然自始至終歷數十年仰而事俯而畜盡無不竭其誠愛窮力所
能而未嘗一日自惜而謀自安焉事神禮佛張畫像於屋壁晨夕
拜跪祈禱久而彌虔蓋有所感格於先靈而降祥我後也光緒三
十三年某月日卒年五十六子千里女適邑人姚某孫同文子仁
慈之性得於天者獨多將以保幼穉使遂其生也而性所獨鍾耳
其親以及夫之親委曲順從亦往往出於至誠非男子所能及而

欣懷於禍福之說屈身抑志妄希冥漠不可知之酬報其事亦多出於女子世以其溺沒而不知返也或以迷信譏之又烏知所謂迷信者乃其仁慈之性之出於至誠而不可解者哉將以某年月日葬太恭人於某所千里乞表墓之文於濤濤敬太恭人能充其所得於天者不使有遺力餘憾爲揭其義於墓俾世之人衡度其間而無爲過高之論也

上徐尚書書

久忝屬牋左右疏野自外懼與慚并及公以郵傳部尚書內召以歲逾京師時或得聞謦欬則又私自喜幸謹先馳書奉賀獻所欲言郵傳義主交通所以統中外遐邇貫輸挹注而同其風習也變法以來興革之事以次推行而西北一隅猶樸拙自安不思變易者則交通未便無以拓民耳目而啟其智識也故鐵路之敷設

惟蘭州為最急大部統籌全國路綫疏言地理學有三政治與兵商並舉既以政治地理擬定軌楻及分幹分枝之路綫矣至論建築則略政治不言而衡量兵商卒歸重於商業以商業之贏絀定築路之緩急於是邊徼辟左政治地理所視為最急者乃不得不退居從緩之列其預備立憲按年籌備要政疏內又僅於第四年弟五年測勘由西安達蘭州由蘭州達伊犂路綫而何時啟築遂不載於九年期內似更置為後圖大部深壁博攷其言緩急難易之故固不能遽易一說以難之然當預備立憲之時不可不加意政治愚計以為宜暫緩所急勉為其難而并力於西蘭一路庶使西北之民振積破愚知所當任以奉吾期約而無異政異俗之虞濤蓄此意久矣欲陳之而未有路也聞公既至乃急遽言之船政郵政皆領於部部權所在豈容久假不歸宜及時收回以全政體

津浦粵漢及鄂境川漢各路雖有督辦大臣要亦部所有事其籌備之方策應預爲咨報而列於部所擬籌辦條內不應置而不問公接管部務雖不肖執己見而反前所爲亦豈可循成說而不思改計望垂省愚妄之論而留意焉濤仍在文學館蓋三年於茲矣在新世界中講論舊學又無成效可言自愧殊甚

吳先生點勘史記序

太史公書綴輯舊聞既創爲記敘之體而敖睨古今揮斥萬有孤行其意於若隱若見之閒乃一如諸子所爲故其體史也後人名其書爲史記實則以其文鳴不平於姬周以後劉子政楊子雲班孟堅稱其有良史才以爲善敘事理又以爲實錄其於論史盡矣而未爲知史公至韓退之儕其書於莊周屈原司馬相如楊雄之列而上與諸經相衡量乃歸重於文不以史稱矣然自漢以來歷

二千年史家既沿用其體以爲例莫之或踰而文士代興殫知竭
才卒不能入其堂室則以史有法可據文無定執而其妙難窺也
歸熙甫方望溪以文字之說發明其指趣乃稍有塗轍可尋其後
知文者各有平議而桐城吳先生研說之尤深章疏句櫛鉤玄闡
幽益精以備其參攷異同訂正譌謬亦惟取適於文至是而文之
奧窔乃大豁露去其蓋障先生子闓生掇其說之散見諸本者彙
鈔之附歸方及諸家之說於後印以行世而屬濤爲之序濤嘗以
謂左氏傳經也舍經以求之而左氏之文乃見史記史家言也離
史以求之而史公之文乃見以其說質之先生先生是之今觀先
生所點勘史記固言文不言史也其於左氏亦有點勘本闓生能
文章克承先志史記既出當更出左氏以示學者使知古人精神
寄於文字文字之不知精神之莫喻而欲求古人於故籍託名經

與史焉無當也

旌表節孝王母賀太孺人墓表

河間王氏旌表節孝賀太孺人者封朝議大夫諱鈞之弟三子婦附生贈文林郎諱升瀛之室而武强刑部主事賀濤之姑也年十九歸王氏以禮承夫能助所事居三年而夫沒適仲氏生子冠唐遂育以爲子其後供婦職於舅姑者二十餘年舅姑沒以母道教養子孫者又三十年年七十有九以光緒二十一年某月日卒卽以其年某月日祔葬文林君之墓深澤王氏姑於先姑爲妹先姑卒後四年命濤曰吾失父母時數歲耳鞠於兄嫂吾姊有勞焉吾無以報且愧且悲汝其爲吾述吾姊性行鐫碑墓上以志不忘濤於諸因泣曰吾母卒時濤年十一一弟兩妹小妹猶在抱母卒之時二兄室亦卒生子纔數日先姑護視之見閔焉勤焉至廢寢饋

而未嘗自惜其勞繼母來歸叔父更娶壽兒有母矣而不能起體
如故壽兒弟稍長則又以學行勉之壯且老矣而訓飭獎慰如故
姑曰然吾知之汝益不可無文以記壽白其事於父母父曰汝先
姑所施於吾家者既如所言矣吾最後與相見老病已甚猶殷殷
然以吾家事爲欣慼也吾思念之不能忘汝姑之志猶吾志也母
曰吾姑歸時汝先姑輒爲言治家之道歷久而所言彌切吾甚感
焉汝其以姑所命汝者抒吾懷於是索事狀於王氏冠唐已前卒
其弟冠陶爲述其略曰叔父亡叔母事吾王父王母甚謹王父嘉
叔母之苦節誠孝科爾沁忠親王督師過河間爲言於王王特疏
以聞旌表如例王父卒叔母益日夜侍王母不去側王母之吾父
河南山西官所必以叔母從蓋亦不欲叔母之須臾不在左右也
叔母性慈仁既子吾兒冠陶及諸姊皆樂依叔母以育以訓吾母

亦一聽叔母所爲不問諸姊已嫁有疾必往視死則爲之斂乃歸邵氏姑家貧攜諸子居吾家叔母兒畜諸子自孩提所需以及昏嫁所宜備悉爲營置諸子遂皆母吾叔母而無求於其母雖其母且忘諸子之爲己子焉其治家儉能中節勤而有條理族姻或取以爲法孫兆奎兆蘭孫女適饒陽副榜貢生陸軍部七品小京官常墳璋曾孫某某濤既得事狀並取所受於吾姑及吾父母者謹綴輯成文請命於姑將求書於能者召工刻石以歸兆奎兆蘭俾建於墓

饒陽常君墓表

君諱熙敬字冠卿姓常氏饒陽人曾祖諱鳳儀候選州同妣氏某祖諱錫宸歲貢生妣氏某父諱如松贈奉政大夫妣氏某贈宜人君少好學工製舉之文癸酉科選拔貢生入貲爲國子監助教國

子監并於學部改書記官而助教秩滿以主事用年六十三以光
緒三十四年六月二十三日卒於京師明年宣統元年閏月十七
日反葬於所居東北八里祖塋之次君家故饒富後漸衰所遺產
不足贍其家贍君沒乃弃其所官之國子監助教而訪族姻於浙
於湘於蜀三年無所遇乃歸而產耗且盡獨高門大屋存耳君痛
刮除舊習與兩弟異爨而獨奉母以居母卒傾所有以治喪益困
他所營度無以自給乃復如京師就其官君始以不時在京鼓助
教闕人輒度君而以次進補如是者數矣前後歷二十八年至是
乃得之君時已老僚友皆後進無不以前輩成德相推祭酒亦重
其爲人充南學管學官再管監照房隨祭酒辦順天鄉試於河南
所入稍豐而衣食裁足外悉以償夙負既改書記官貧乏如初矣
雖例得遷調而衰病不任職遂困頓以終君性孝友歸自蜀不復

離母遠出母病痿痺卒妻女晝夜不去左右者數年如一日兩弟
告匱輒分所得以給苦樂必與之均所施於鄉官民悅服民憤胥
役之侵擾將毆之君恐變生言之官痛懲胥役而議設保甲局縣
有徵發逮捕必謀之局所官善其策民賴以安嘗主獻縣鹽商今
吉林提法使吳公熹時爲縣於獻傾心待之言無不聽雖他公事
必諏訪焉而吳公弟今廣東惠潮嘉道煦過獻亦嚮慕君納交而
去由是聲聞遠播君去後商人猶假君名以應事變法之初君已
至京縣有興革而疑不能決者輒思君不置蓋君之才德爲人所
仰賴如此惜所居官無以自表見而迫於生事奔走四方又不克
久家居而竟厥施於鄉里也娶莫氏無子早卒贈恭人繼娶張氏
封恭人子堉蘐癸卯科優貢生卽以是科舉於鄉肄業京師大學
吏部以知縣揀發廣東而大學留以卒業今充陸軍中學教員女

三人余次子葆眞娶其長女次女適河間王兆蘭其季歸余弟三子葆艮孫錫光孫女三人皆幼墳䕃請爲表墓之文乃爲敘而歸之余少時讀書常氏常氏已衰矣而子弟猶競尙華靡日以酒食相徵召君獨閉門治舉子業而君之族叔父如樾藹庭則好古書搜訪甚勤余時與諸少年嬉遊內實親此兩人其後藹庭購書益多遂寢饋其中不與人接其所造於古者亦日深今藹庭死且六七年無主後書之存亡不可知而墳䕃則已能自成立將再興其家余幸君之有後乃更不能不爲藹庭悲矣始藹庭以身後之文見屬余未卽爲而君於諸常中所最親善者惟藹庭故綴此以明不忍死友之義儻亦君所樂聞者乎

古餘薌閣詩序

南皮張宗瑛以所爲叔父暨叔母蘇夫人事略見示幷出夫人古

餘鄉閣詩屬爲序余既卒讀敬夫人之節而大其志與才乃爲之言曰古者先王之教男政位乎外女政位乎內旣取事之在門內者責之女子而閑制之使不得與聞外事以爲禮故論女子之質性而別其才不才必以施於內者爲斷雖有聰敏好學能以論著辭采自見亦惟述職守抒情愫而已他不及焉其可與言國家事者自春秋傳所記歷代史家所載不過數人豈其知之不逮哉束於禮習於教以爲門以外非我所敢知而莫之綴意也夫人所爲詩多詠古之作其於古事乃能指摘是非而權以己見確乎有當於事理若可據以施行者心志所蘊結求通於書籍中而自濬發之耳旣以禮所未嘗强者全其節而濬發心志又不待教而能專壹之性情高遠之識量有非古所稱賢且才之女子所能及者詩以人重固足傳矣況其詩所陳列有足以激發人之志氣者哉士

君子遭不虞之變據兩可之境藉口於禮所不禁而自便事非我
責而恝然置之者觀夫人之事略與所爲詩可以愧矣

南皮張君傳

君諱元翰字達生號艮甫南皮張氏曾祖恪舉人館陶縣知縣妣
氏高祖曾魯廩貢生候選訓導妣氏戈氏馮父嗣陶舉人萬全縣
教諭妣氏劉君性孝友喜讀書家貧教諭君假館於外而王母病
痿痺君侍奉甚謹歷三年不變於初王母卒乃一志於學與弟元
來以文行相切劘兄弟間自爲知己以舉人官獲鹿縣教諭未幾
改知縣而教諭君卒服除乃奉母待缺河南署澠池縣事縣境比
歲荒旱又有風雹之災君至則以狀聞請蠲租不許再請令發常
平倉振之而收租如故君旣不獲請於上則除官所資民力之米
豆四千斛芟藁百二十石以及絜醪酒肉麴糵醬鹽豉茶紙十餘

事以損己而寬民天子在西安轉輸不絕於途皆仰給所過縣澠池故事用民車有大運小運小運者以官馬九十匹畜之民有事則以官錢僦之用馬在九十匹以上爲大運其費則取之民而小運僦馬之費錢以五百爲緡者僅日出八十緡得車八兩馬二十四匹耳不足用則益以私財多或至數百緡官苦其累輒以小運爲大運君曰此巧取民財也獨仍故事無改天子東還供張辦而已法外脅求皆拒不應故中牟靈寶孟津偃師新安宜陽諸縣皆以征調苛擾聚衆爲變而澠池獨晏然無事君奉法不撓屈疾之者多又數拂上官意而河南守某以屢有求於君不獲怨之尤深縣大猾崔鴻升橫行無忌其黨羽多爲之耳目把官吏長短官不敢誰何君捕治盡得其不法事以死論守所信之巡檢某嘗爲君所斥乃取賂於鴻升而搆其事於守守過縣使鴻升妹詣守自言

守責君故入人死罪君抗辨縣人恐鴻升不死而君且得罪也縣千餘人守行館門言鴻升當死狀守懼不致詰乃已而守意終不快乃摭他事誣君大吏使人驗問因以代君代者承守意欲鍛章其事終不得毛髮私縣人又爭具狀保君無他乃使權寧陵君以捕盜甞覺寧陵賊溴華三聞君且至自縊死君又遣得巨姦盜風頓息縣有歲報秋災緩征之例而所征則官私有之歲得千餘金沿用且百年矣君曰此巧侵國帑也遂除其例拒法國教士安西滿楊熙凝無禮之請而杖其徒張錫庚呂明禮自是吾民之入彼教者不敢藉外埶以陵暴鄉里君爲治苟利於民雖破成法忤當道不卹也而不多教條虛施設以收虛譽嘗獨行村落閭閻歷博咨故民隱無不知而所患苦皆立聞尤勤敏於聽斷自朝至夜分不倦案無留牘獄無寃民及卸寧陵縣事奉母居汴旋有轝於歸

德未歸而母卒先是教諭君卒於官君在京未視含斂及母卒又不在側大慟日夜悲哭遂得疾越百餘日死母柩旁時光緒三十年某月日也年五十有三君既兄弟相友愛弟病禱於祖考請損己年以益弟不效泣曰吾誠未至也弟才尤高所論著甚多早卒書未具君引為深痛君好為詩歌而不自愛惜其稾皆散佚轉饌甘肅有軺車日記若干卷藏於家配湯宜人能勤苦以教子子宗瑛附生宗薦候補縣丞以後君弟宗芳游學日本宗邁宗蘭宗莨皆肄業旅汴中學孫去病方進論曰君卒後鄉人官河南者及澠池寧陵兩縣士民皆狀君行義上之大府大府請以孝行旌詔可宣其事於國史館列入孝友傳而滎城孫先生葆田表君墓東阿周君雲為墓志亦皆稱其孝特詳宗瑛能古文觀其所為先考行狀君固從政才而朝廷所褒奬士大夫所傳述乃獨暴其名於倫紀

之間豈非先王之德教漸漬於人者深經數千年而猶能守而不改乎此中國風尚之尤爲可貴者也然君之政蹟亦有非今所稱循良之吏所能及者余故采輯其事爲傳爲世之從政者告焉

賈星垣先生墓志銘

先生諱拱宸字星垣姓賈氏鹽山人曾祖永祿妣氏馬祖魁元以孝義稱妣氏趙父萬齡貤贈奉政大夫妣氏岳貤贈太宜人先生聰穎耆學遇事勇決有謀略家貧十餘歲時即躬執煩勞一身百役而以餘力治書所爲詩文能驚其長老既入學官爲弟子學使至輒拔冠其曹而試於鄉則終不得志且老乃例貢成均於學無所不窺而擘索甚苦所讀書輒以細字雜識諸說及所心得於行間滿則別紙書之斷箋碎簡重累卷册中善講解聞其說者如幽得燭爭欲執經門下以其學教授鄉邑者餘五十年所成就甚眾

同治七年捻逆擾畿輔邑人多就問捍禦遷避之計其願遷避者告所宜往而爲籌車馬糗糧之費某村完砦以守先生令撤民屋之近砦者主者執不可先生曰砦垣卑留之是梯賊以入也遂盡撤其屋賊至不得入猶乘屋址擲瓦礫砦中賊去令避居砦中者計戶出口糧復其所撤屋人皆感服有兵數百突據某村鄰村以爲賊也合大衆圍之將並殲村民先生知爲兵獨馳入索弁目所持官牒出諭衆衆不聽乃決圍出兵大禍以弭先生自爲諸生時名已噪白邑人劉南莊先生號稱博學爲時大師邑子無當其意者獨奇先生引爲文字交而孫蓮塘侍郎嘗語人曰以賈君之才而無所資以進吾輩之過也濤在京時鹽山官京朝者十餘人皆稱先生爲耆儒碩學而自以爲不及其爲邑中前後輩所推重如此而諸公皆早達先生獨以諸生老豈非所謂命邪然先生不出

里閈無師友之助而能以所自得於古者啟迪後進以成其才未
嘗援結官力假尺寸之柄而能以一身當艱鉅排解鄉里之難其
功德所及較致身通顯有權埶可憑藉所推施於世者雖不無廣
狹之分而所推施之爲名爲實民之需被之而如所跂待者何如
則有不能遽爲論定者先生卒於宣統元年三月二十六日春秋
九十配張氏繼配劉氏子恩紱舉人揀選知縣勇於有爲讀書有
特見能發明新理庶幾纘先生之業而益大之今充貴胄學校教
員女三人皆適士族孫榮珂榮光皆肄業陸軍學校榮審榮興孫
女一恩紱將以某月日葬先生於某所徵銘于武強賀濤銘曰
朝患無人野患無士士不見遺野猶所恃濟世有才足不出里恂
恂學徒玖以報卒水軼火歔不礙而止體儒蹈俠造用無已士知
所向民保頂趾與諸在位百僚君子以次論功或莫我齒作爲銘

章藏墳之址

吏部侍郎張公傳代

公諱仁黼字劭予姓張氏河南固始人好學有濟世之略而以宋儒義理之說爲歸自入翰林平進至卿貳所歷皆能攄所蓄以行其志變法令下改刑部爲法部而推其聽斷之權歸之大理院公既掌大理又貳法部部院事所當分合析之使各協於理埶參中外之制而揆其宜即所已行而圖其究竟舉要挈綱慮及纖悉所定規則多出公手而於修改法律尤兢兢以爲法之所在內治外交繫焉偏而失中動多阻格又安得强爲去取斷以己意而急遽行之而不顧乎在兵部吏部滌垢櫛紛寮屬奮職吏胥失其權凡言天下得失必本於所學以求事理之中而不苟爲異同嘗劾崇厚與俄羅斯定界之罪請斬之以謝天下甲午朝鮮之役封事十

餘上俄與日本戰於遼東陳所以應待之策書皆留中而數召對使盡所欲言多見聽從庚子議和後列強所索償於我者費無所出於是有丁口稅之議公面陳其不可其事乃寢公既爲顯皇后及德宗所知以大理院卿特詔與王大臣會議要政於朗潤園所陳說能悚衆聽其論憲政及其推施之序條分理順燦然秩然憲政館博稽精覈日從事於編纂八而後决者莫能外也公之學切於爲己不標講學之名而嘗以所自律者教人直上書房十五年貴冑循循矩矱聽講授如諸生舊時肄業太學者率竄名六堂及南學以取旣稟而無教學之可言公爲司業嚴爲甄錄課以實功學者委心承教宿弊以除視學湖北訓士尤勤屏除故習勉以返躬之學而以朱子小學近思錄爲始學之基諸生有善行或不謹甄譜記之而撰以勸懲節舊育之經心書院而拓其規模廣置書

籍爲延名師或親往講解由是學者靡然景從士風大變其校文亦以所學衡之典試江西四川號稱得士家居時出所藏書九千餘卷與縣令謀建詁經精舍與邑中子弟肄求經史及政法詞章之說窮日夜不倦其後朝廷創立學校郡縣罔知所措而固始獨先舉行者以公倡之於前而邑人智識於學所當務已能通澈而無障塞也其在京師亦樂延接士類凡所薦達皆樸學有用之才公既以所學自効於時而內行彌篤其孝尤爲士大夫所稱咸豐間粵寇圍縣城公年甫十歲父外出而王母病公左右侍奉如成人圍解出入危險爲求甘旨藥餌人嗟異之官京師自給如寒素不足或益以稱貸而歲時必致親所須及所好之物於家衣服則又必己所審視而夫人手製者父卒後母年益高數請告歸後夢母病遂移疾不出母沒以毀致疾未幾亦卒時宣統元年某月日

也公在家閒居一室左右圖史歌嘯終日蕭然若無意於當世者
及直所嘗為則勇往無避忌或出所有以益其資新政既頒巨臯
且與督三遂起尤竭力殫財為之人或勸其少息曰吾學固如是
在朝在野一也著有簡菴文集若干卷某在翰林與公以道義相
規勸署兵部尚書而公為侍郎與相諮議備聞公為學要旨經國
遠猷公卒後公子璋游學英國以書及事狀來乞不朽公於無錫
因述所素得於公者為之傳論曰道咸之際唐確慎公倭文端公
曾文正公吳竹如侍郎倡性命之學於京師誠摯篤切各有孤詣
為朝士所宗仰而曾公遂以所學蔚為風俗用挽世運諸公既沒
數十年間士大夫漸不以學問為事變法後相與詢攷政治繁徵
遠引立見施行其學乃益歸實用然稍騖於功利去向時誠篤之
風彌以遠矣公奮發振厲不後時賢而獨以為己之學持之不敢

張皇目前致涉虛誕使得竟其志所成就當更盛美而無瑕纇而公遽卒某忝竊高位輒思與羣才馳騁以自表見於維新之世而不知非其任公長往矣誰復指摘我而糾正之者故公之沒余悲之獨深而於公嘗所稱誦懍懍焉不敢一日忘也

孟宜堂先生墓表

先生姓孟氏諱憲春字端甫宜堂其號也直隸永年人永年爲廣平附郭縣於滹沱漳滏間諸郡邑號稱文明士務進取科甲仕宦接踵比肩各用所能自奮而宿儒耆彥不獲見用於世者亦能以學行爲後進倡先生其最著者也先生喜宋儒之說用自修敕里居教授徒黨樂從而先生之子今學部右丞慶榮漸漬於家教者尤深自有知識出入作息不離繩尺耳目不雜心無越思遂以有成及乎置身朝列先生猶手書訓警無小大無公私無不言其詞

甚厲嘗一至京師右丞朝夕在側趨奉唯諾如兒時有事請而後行居歲餘不與人相聞人亦罕見其面由是僚友益重右丞而羣推其家法因想見先生之爲人濤嘗與右丞俱出武昌張先生之門又同官京師見其學不鶩華飾在官能勤所職數稱之而右丞必曰吾何知遵父教耳濤嘗以事至廣平其縣人稱述諸顯貴亦不如其稱述先生右丞嘗主定州王合之刺史家病先生往視所攜卷册甚多終日觀覽不輟視之皆朱子所爲書章乙句絕參以箋記丹黄滿紙刺史語人曰純儒也宜有賢子刺史固博學好文章喜納交賢儁者也而傾服如此嗚呼自古賢人君子獲爵位於朝既以其官榮其先人而自述祖德及朋好善爲文辭者之銘章更能闡發微隱故其先人雖辟世退處而無不有名德可稱論者以爲子孫之賢足以光顯祖考而未嘗不致疑於所言之非實夫

樸學闇修之士宜大而窒後且驟興理固然矣而敦厚之資性與夫通明淵深之志識亦實足以孕育英俊而培灌而淬厲之繼述之才成於教養衡以實至名歸之說收效於後與及身而能自表見者無殊也今乃因祖考之名以有賢子孫而著遂不審子孫之必有所自而妄意其推美先人者爲世俗頌禱之詞抑豈探本之論哉觀於先生父子閒可曉然於其故矣先生以光緒二十八年某月日卒某年月日葬於某右丞乞桐城吳君闓生志其墓其世系行義具在志中兹不復詳云

饒陽劉君墓表

君姓劉氏諱維藩字傑人饒陽人也饒陽諸大姓皆明永樂閒遷入劉氏獨爲土著族譜燬於火不可考其世系有兩塋其始葬新塋者諱九講今劉氏皆其子孫也因奉以爲始祖四傳至君之曾

祖服休祖登雲父成文饒陽俗好賈其富者亦多以賈起家而未
嘗自襲其世不幸見欺家隨以落君先世務農已而經商家稱少
有矣至君乃益擴而大之君天性於商爲近取與不苟從衆而利
輒倍徙其論諸商所厝注以爲宜然後無不然由是人皆歎服領
其財爲之經紀者雖遠出皆受約束不敢違同治建元君曰新天
子卽位太后聽政祝嘏大婚之禮將相繼舉行居所須貨以待致
富之道也乃輦金如京師居地安門内招集良工製佩袋及假以
緣飾之物擷素裂紈璧衘珠翼窮極技巧人得其貨輒相誇示京
師業此者無其比遂通宦寺交中貴以供内用慶典旣頒自掖庭
服御以至離宮別館凡器物待以華潤者無不於君所求之而宮
廷錫予宗藩戚里所獻納亦皆取給焉不數年而其利百倍嘗其
業者雖所執微末亦歲得千金而君家遂大富光緒初饒陽富人

有襲君所爲者一躡故迹而朝廷已懲前此之浮靡崇尚節儉所儲不售竟損其貲以去所業同所居之地同而功效相反者君所爲先乎時而襲之者後也太史公論貨殖之要以爲旣饒爭時蓋時之所趨如風動物控乎物物或我違乘乎風而物乃隨我轉移而莫能遁陶朱公與時逐白圭樂觀時變而趨之若猛獸鷙鳥之發故言富稱陶朱公而言治生祖白圭近世以商爲學取環海萬國水土所殖都會所聚與夫民情謠俗以及其國之政俗糅合而參校之探其始以究其終推其執以窮其變大莫能外細入無倫其學蓋浩博無涯涘而要其歸亦不越乎投時所好應時所需而已君生長閭巷未嘗讀書習世務而觀其所爲深於學者或無以遠過其才識蓋有獨得於天者惜不生於今之時也君卒於同治六年某月日春秋八十葬於祖塋之次配何氏後君若干年卒子鴻圖

壯圖後其兄維楨孫元勳元善元興邑中富室於所立業既自弛其負擔而習於華靡咸同以來稍衰歇矣君家於諸富室爲後起而能勤所事以儉自持設立規條可永法守故所根柢獨深固而不可搖邑人至今慕效之夫商賈之業邑人所素好也而慕君所爲又克刮劘舊習一旦振而發之其能角逐於工商之世無疑也吾嘗惜君不生今世庸詎知其身已沒而爲所衣被者乃更將收效於數十年後哉壯圖子元輝請爲表墓之文乃書此以戒其子孫勉其邑人而觀異日之效以徵吾言

王普齋先生墓表

先生諱敬照字普齋一字麗中山陰王氏徙居會稽曾祖鐸以孫植爲安徽巡撫封光祿大夫祖江諸生汶上知縣父棟精形法學有述作先生以子官封資政大夫上及兩世皆贈如先生封先生

性好學於書無所不參究而贍於文詞以律學佐吏治於燕趙間者二十餘年自在官者不習律例聽斷必求助於人而應其求者又皆不治他學不能辨析律文而深探其意故獄成而輸其詞不備苟非有大疑難固不得不據爲信讞而條詰而概卻之吏治所以日壞也先生既通敏於學奏當上輒見賞於當路所佐職辦而先生亦以此得名先生性剛直有幹略不可以市道交而爲知己竭知力無隱由是忌之者衆而慕其名而欲使爲己用者亦多司道以下交致書幣每以能得先生爲幸而正定守蕭公世本故以翰林居曾文正公幕下號爲達治體能文章者也知先生尤深事無大小諏度以行與爭是非輒黜己見他出則凡所有事一屬之而聽其所爲先生感其意由縣而州而府隨以遷徙無閒始終捻逆之亂大順廣道王公榕吉以防運河事馳書招先生先生夜治

文書畫出巡視理紛鎮猝兵民偕盡其力能事平當以勞得官先生棄去不顧總督李公秉衡巡撫任公道鎔及崧駿公漕督松椿公先生嘗主焉皆重先生及擁疆圻再招不往遂終從蕭公游以至蕭公之沒先生寄居保定其治家有條法爲遠近所稱配郭夫人生子恩紱繼配沈夫人生子縉績兩夫人皆能體先生志以理家而教子蕭公既沒先生遂不復出家居課子屏絕交游時桐城吳先生都講蓮池書院先生獨敬禮之惟恐不及使恩紱受業於門吳先生重先生之爲人數聞其家法而喜其諸子之多才也以弟女妻恩紱以兄女妻縉其後恩紱以舉人官河南知縣署太康洛陽縣事有能名縉充直隸巡警總局檢事長及陸軍軍事警察由州同擢至直隸州知州績以軍學授副軍校留陸軍部軍制司行走皆蜚聲北洋初蕭公謂先生曰子之才德鬱而不張二子皆

英物必能榮子身以顯子之名至是而其言果驗郭夫人生女一適孫霖若孫豫立嵩立孫女四人先生就養河南年七十四以宣統元年某月日卒於洛陽官廨喪北還浮胥保定八里莊新塋將以某年月日與郭夫人合葬恩紱乞爲表墓之文先生嘗言吾性不諧俗好我者少而蕭公吳公獨引而近之既爲二公所知則我之志操已著雖舉世笑侮何傷彼得時榮名而有道之君子或反賓而弗與吾所恥也其言如此予既表先生志操并述其言士之孤行己意所如輒阻終其身無所合而能邀有識之激賞者可以自壯矣

王氏妹七十壽序 代

吾季妹撫有深澤王小泉主政之室五十有餘載宣統二年年七十兒孫豐體加健孫曾濟濟家益盛昌子孝箴將以某月日稱慶

於家其伯兄年八十七矣爲之祝曰吾妹之功在王氏既久而彌著而王氏之世德累仁委祉於後者亦遂騶迓而享有之此王氏所宜驩欣而頌禱者也余弗暇及余兄弟及同祖兄弟凡五人余爲長姊妹及同祖姊妹凡五人妹爲季今獨余與妹存耳諸弟皆强敏能進取而未獲竟所施余少多病性儒緩不思自見於世而獨假以年桐城吳先生嘗以文壽我引我心無事之言以爲致壽之由理或然與主政君講性理之學不樂仕宦而施政於家以婦職責吾妹甚備吾妹拮据以圖罔閒晝夜主政君没益加勤焉以視余之遺外物累志專養生者則有閒矣然妹性故坦夷順施無忤已過不留事雖多猶之無事也既老乃更委家於諸婦不問而日以薄故小物自嬉其指趣蓋與余同故余以所自得祝吾妹而欲吾妹亦以所自得參之吾言而自祝焉孝儀言嘗奉母乘火車

至保定遂游京師天津盡驩而歸既歸而母志益悒遂余方息偃閭巷不問外事而以能自娛樂爲得計聞妹所爲乃爽然自失異時將擇日束裝偕吾妹挈兩家子弟入通都大邑觀新政俗以振我已衰之氣而益永吾年此又推吾養生之說更進其術而思與吾妹交相勉而互爲祝也余所欲言止此妹倘以斯言爲然則請引壺觴酌我我久不飲且爲妹醉

王母賀太恭人七十壽序 代

深澤王氏邑之望族其治家條法與吾家風旨略同道光以來世通姻好王氏女歸賀氏者一人賀氏女歸王氏者五人兩姓相懽無間也而吾姑之在小泉先生之室其賢聲尤溢于內外家宣統三年姑年七十矣外弟孝箴勤生將以十月十日觴客於家以慶吾伯父既爲文壽之吾同高曾之昆弟及昆弟之子亦莫不因敬

慕之誠私達其懽忭之意而以其詞屬某某王氏甥也知其家事
爲詳謹節所見聞綴輯之以侑觴小泉先生性行嚴峻以禮法繩
其家人吾姑承順其意不少違巨細躬親家無廢事而於事親尤
兢兢姑既早世舅久病意有所忤累日夜不怡而於家人則二十
餘年無責望之語嘗曰幸有賢婦得少釋愁苦吾家之往王氏者
見其所爲歸輒舉以戒其婦女諸父諸母聞之咸歎曰自其未歸
時固知其能如此也小泉先生窮經嗜古不治他業諸子循守之
無越思蓋近今所謂學術固先生所不及料也先生沒十餘年世
運驟遷學術因以轉移吾姑命勤生促諸孫出就外學久之皆能
專所習以取時譽羣從子弟踵而相從而王氏之風自遂改其舊
先生通儒也使目睹今之世變必不復堅守初志以戾乎時勤生
可謂善繼述矣然非承母教亦無以啟其機焉由前所稱家庭肅

行賢女子多能之此人所共知而交頌者也由後所稱則識時務之俊傑之所爲非女子所能參與而世俗論女職者又孰能識其深遠而推大之哉今王氏子弟壹力向學行且有成而吾姑體氣康强有逾少壯故卽祝嘏之日特具其說以示衆賓使知王氏必當益興而吾姑之受祉延釐乃有其功而食其報也某游宦山左不克侍宴左右吾家奔走其閒者旣獲躬贊盛禮宜更思其致此之由而則而傚之無使賀氏有愧於王氏則吾姑之教所施被者彌廣而其期望吾家之意不益可大慰乎

賀濤傳

賀濤字松坡武强人父錫璜字蘇生號古漁同治三年舉人以候選知縣官故城訓導孝友敦謹有學行歲饑出粟賑鄉里創醵金法倡修歷亭書院喜表章鄉邦文獻在武强訪劉謙遺著在故城建明代馬中錫祠印行賈氏叢書及明儒學案爲振起人才之首務既解組歸故城人愛留之錫璜亦不忍舍去遂移家於故城之鄭鎮年八十九卒濤少承家學與弟沅以文字相砥礪同治九年同舉於鄉考取國子監學正學錄改官大名縣教諭光緒十二年又同成進士以學使案郡至大名不及殿試而歸桐城吳汝綸知冀州邀之主講信都書院因調署冀州學正十五年殿試以主事分刑部仍兼冀州講席凡十有八年既以目疾歸漫游京師保定中丞陳啟泰太保徐世昌爭延主其家大總統袁公督直隸時創

文學館於保定屬意於濤曰濤不至則館可廢也再三强之始應
未幾濤以疾去而館卒廢如其言初汝綸倡爲桐城古文之學其
牧深州時見濤所爲反離騷大奇之遂盡授以所學及武昌張裕
釗北來主講保定之蓮池書院汝綸復使往受學於裕釗裕釗歎
曰北游得松坡不負此行矣濤之爲學以文章爲諸學之機緘讀
古人書必擘求其文字旣從吳張兩家學益摶精於古人之文自
周孔以降若左丘明孟軻莊周太史氏韓氏之書心維而口誦之
通微合漠盡得古人著書之意於姚氏曾氏義理考據詞章三者
不可偏廢之說尤必以詞章爲貫澈始終而兢兢於歸方姚吳數
大家之評識日與學者討論義法不厭不倦又大聚古人之書有
所編輯以爲文章大觀而補姚氏類纂曾氏雜鈔所未備嘗答友
人論文書云辱書以文事相質以謂多讀書曉世務則理富理富

則文有質幹而義法自從不必斤斤以學文爲事子之言誠當矣雖名能文者不能外子所言矣雖然以濤所聞文之能事猶有未盡乎此者鮮脣齶鼻曲脊跛足枝指而癭於項固不良於用不美於觀矣官體肢骸不失其形所以辨臭味聲色而任提挈戴負者畢肖所職以呈其材則凡名爲人者皆然也然而闒陋伉爽魁張舒急都鄙之相去而相反倍蓰十百乃至不可計數泄於面顏不能自閉過卒然遇之而能辨者則精神意象之爲也執子之說以爲文誠具其形且可適於用矣而文之是非高下猶未定也古之論文者以氣爲主桐城姚氏創爲因聲求氣之說曾文正論爲文以聲調爲本吾師張吳兩先生亦主其說以教人而張先生與吳先生論文書乃益發明之聲者文之精神而氣載之以出者也氣載聲以出聲亦道氣以行聲不中其竅則無以理吾氣氣不理

則吾之意與義不適而情之侈歛詞之張縮皆違所宜而不能犂然有當於人之心質幹義法可力索而具也聲不能強揆而得也冶金以爲鐘斲桐以爲琴截竹以爲管依古譜而奏之伶人樂工蓋可學而能矣至於感陰陽動萬物而辨治理之盛衰則伶倫夔曠之外蓋無幾人以其神解妙會無法之可傳不能據成迹以求之也後之學者將取合乎古必取古人之文長吟反覆而會其節奏其徐有得也含而咀之毋操毋忘薰炙浸灌而漸而進焉以契乎其微而幾於自然然後吾之氣與古人之氣相翕合而吾之文乃隨其意之所嚮措焉而皆得其安此之不能羅列纂排章摹而句仿之其精神意象豈有合哉子且謂多讀書曉世務不求文而文自工何其言之易乎三代之後文莫盛西漢而韓退之所稱道者司馬遷相如劉向揚雄而已賈生之洞澈今古鼂錯之綜覈事

物董仲舒匡衡劉歆之通明經術其才學蓋不下數子其文亦且非後世所敢望而退之獨未嘗道焉亦卒不能與數子竝其離合深淺出入之故當有別之於微者而顧可易視之乎子嘗有志於斯世欲樹功名以自見以子之學行子之志其庶幾矣若舍其所志降心而學文則請無易視茲事而忽鄙人之所言濤旣精於爲文以謂國之積衰由於人才之消歇欲起而振之必有賴於文學而又深喜西儒學說欲以彼國之法匡我之所不逮乃作國勢篇推世界進化之理以啟吾國改革之基及新學大興舉國若狂詆毀中國文字必欲盡滅絕之而後快時汝綸之子闓生方游學日本乃爲書以勖之曰去秋讀惠書承知游覽東國欲偏交其賢士公卿而周知其政俗術業以廣吾學甚盛甚盛後又得所爲論說數首文辭益高人咸謂遠游之效濤則以爲得力於古者愈深新

學方興而吾道有賴至爲慶幸往者時會未至有言新學者輒爲世所詬病今朝廷欲以外國學制育才而取其政藝之說試士學猶未立而趨時之士或走四方以求師爭購西書惟恐不及民智漸開世運可轉此固憂時者所深喜其憂之尤深者乃又喜而繼之以悲何也朝廷既倡道天下以新學矣中國之書雖未遽廢埶必有所偏重其修舊業者不過如胥吏之考故事幕賓之讀律法俗儒采集性理之說耳先聖昔賢之所撰著通人志士之所編摩其精神意趣多寓於文字之閒文字至深難知以世知重之而好者之多也而能之者乃僅閒世而一遇今乃以胥吏之故事幕賓之律法俗儒之性理當之吾恐秦漢以來知文之士遞承迭嬗流衍於數千年之閒幾絕而復續者將遂掃地以盡夫西國之學今勝於古學者皆用見行文字數十年前好古之士乃兼習臘丁今

則學者皆習臘丁其好古者乃遞上而及埃及而於古希臘及羅馬人所著書尤加愛重新學日益興好古日益甚彼豈侈為淹博視同玩好以供耳目之娛哉亦以今日所掇獲之理或由往籍所論載遞推旁觸而得之故紬繹之而不能窮其蘊也今中國之學百不逮古而於古人之書反淡漠遇之聽其廢墜而不為之所豈不大可悲乎吾師逆知其將然也故於士狃舊習時輒以新學啟迪後進既知變矣則又急起而持之以防中學之廢大賢閔世之苦衷固學者所宜深體而急圖者也雖然人之才知至不齊也向無他說之奪所守而能與於斯事者曾無幾人今方汲汲焉惟新是謀其於舊業雖欲不為胥吏幕賓俗儒所為不可得也閎博通敏之才力能兼顧得不以文之在茲而引為己任乎且道無古今也無中外也學焉已矣吾學已精而彼學之奧窔乃得而窺尋既

藉彼以擴充吾學而竟乎其量彼學且因以愈顯不能者竝營而兩失能者相得而益章此吾學有功新學之尤宜特重而非狃於故習者比也足下識高而才鉅力果而志堅尙友百世采風異域兼收博儲使出一治固無古今中外之可言矣文章天下公器自今日觀之已爲吾師家事傳襲授受外人不得與聞而猶以區區之說進者屢蒙師訓輒以存中學爲言自顧衰廢雖與有爲然猶不敢自外故私撰其說以進質耳非謂足下之事業尙待他人之敦勉也濤論時事憂喜其大者遠者不隨俗爲轉移其訓世必以博通世務爲有用之才深以取近名謀小利爲大戒一方一時之事不爲喜戚也自幼至老卷册不去手舟車旅館之中人事叢雜之際不使一刻所學既病目失明講學不少輟日令學者誦說中外羣籍爲之解說未嘗厭倦所評騭古書及所爲文章亦得目疾

後所爲爲多壽雖以詞章爲學然於羣經尤觀其通每誦前人於學無所不采亦無所不掃之說於易書則手錄諸家說積成巨帙儀禮周官講之尤精宮室車服之圖登降拜跪之節與後生解說一若身與其事而周旋之者以爲儀禮非聖人不能行亦非聖人不能言故編次古今大文而首儀禮實以古聖自著之書傳之近世無僞訛者僅此又謂左氏非解春秋之書太史公固與虞氏春秋呂氏春秋同稱取經文而釋其例蓋漢劉歆所爲後人誤入之傳耳不得與公羊穀梁比爲說甚具又爲天算輿地之學於天象凡割圜由綫諸新理新術皆錄其要而會通之行星軌道邇遠觀象以求其密合輒因圖而悟其理與地爲讀史關鍵乃探原禹貢水經下采歷代地志於顧氏祖禹諸人所言形勝李氏兆洛諸人所爲考證近世江防海防中外疆界險要尤深致意自州縣山川

方域以至大地渾圓皆爲之圖精書工繪纖細如毛髮別以五色依其犬牙鉤絡裁翦之使行省自爲圖可分合與學者說太史氏班氏之書輒取所圖上溯周漢以謂沿革明而文章乃可讀也嘗曰吾無過人之才惟不敢爲無益之學擾其神明而費時日爲人爲學尤宜善養其氣象使淵然邈然爲不可測宋程氏每求古人之氣象可謂善學矣濤有至性事父母能承順其意於無形尤以敦勵學行不辱其身而成名於後世爲敬親之大者兄弟怡怡家庭無間言講學四方在冀州爲最久冀人傳其學者亦獨多論者謂濤擘精典籍若錮生命沈潛專到突過時流其文章導源盛漢氾濫周秦諸子唐以後不屑也其規橅瀋域一仿姚曾張吳諸家而矜練生㓷意境自成獨樹一宗不蹈襲前轍蹊徑而亦不爲前聲所掩蓋繼吳汝綸後卓然爲一大家非餘人所能及也民國元

年五月一日卒年六十有四

賀先生墓表　天津徐世昌撰

昔孔子嘗稱天之不喪斯文不言道而言文文之重於聖人久矣孟子曰我知言我善養吾浩然之氣孟子之所謂言亦文也孔孟之道於何見之見之於其文爾太史公曰孔子既歿五百年余小子何敢讓焉亦自負其文也魏晉以降詞竊氣薾無復三代之遺意故其治亦卑陋無可言文之繫於世運如此退之倔起約六經之旨而爲文於以起八代之衰而朱子以先文後道少之於是文與道乃析而爲二姚姬傳以爲義理考據詞章不可偏廢持論最平然姬傳固文章家也曾文正公私淑姚氏而道德事功彪炳一代議者莫敢非之曾公論道與文之輕重亦若未敢斷言者要其意所自得則以文事爲歸夫道所以濟萬世文之不足與抗明矣然而聖賢精微之蘊實寄之乎其文文之不知道於何有是故體

道之淺深壹視其所得於文者以爲斷而文字以外固無道之可言由是言之文固未可輕而抑文而尊道者未必其果有得也桐城吳摯甫先生之設教也舉經世執物之畧悉推本於文章其說曰自古求道者必有賴於文未有離文而可以言道離道而可以言治者千古以來之學術一以文章之義裁之醇駁高下薆然不紊舉而措之粲如也可謂極斯文之大觀也已繼吳先生而起壹守師說不少變而表章闡揚之不遺餘力者則武强賀先生也先生諱濤字松坡先世自山西洪洞遷武强之段家莊移居北代世以文學有聲於時曾祖雲舉進士江寧督糧同知祖式周四川瀘州州判父錫璜舉人故城訓導有惠政故城人愛之不忍去因移家故城之鄭家口居焉先生幼嗜學羣兒嬉戲獨默坐冥思若有所寤年十六應學使試冠其曹與弟沅並舉於鄉考取國子監學

正學錄改官大名教諭又並成進士以學使按郡至大名不及殿試而歸而弟沅以翰林散館改福建知縣吳先生爲深州得先生文奇之召至門下授以所學又通之武昌張先生張先生得之狂喜復書曰此瑰寶也北游得此吾道爲不孤矣及吳先生爲冀州以先生主講信都書院因格於官例不得往請之大府自大名調署冀州學正大名學者遮留不可得卒赴冀州己丑殿試授刑部主事且之官冀人留之百端不聽去仍兼講席其後得目疾失明屢辭終不聽去凡主冀州講席十有八年吳先生主蓮池書院且辭去會今大總統袁公來督直隸留之甚切吳先生舉先生自代曰有賀君在斯文一脈之傳可以不絶某去猶不去也既而袁公因蓮池舊址剏文學館於保定延先生主之先生以爲文章者諸學之機緘自周孔以降若左邱明孟軻莊周太史氏韓氏之書未

嘗一日不致其思而誦於口通微合莫深得前人著書之意者躬
處其間而與之相唯諾也其詔學者必以文字爲入德之門亦以
此要其歸不惟發明其理而已安章宅句之法必深擘而詳說之
以爲義法明而古人之精神乃可見得其精神而道術乃可深造
也新學既興舉國囂然少年銳進之士詆毀舊學專欲摧滅之而
後快而一二老師宿儒方汲汲以存古爲務先生博覽譯書饜飫
西儒之學說深以時論過激爲慮又以爲古學非可以空言保也
嘗著論力矯時弊而以文章爲學問之原兢兢自守不變袁公之
剏文學館也以爲國粹之端在是而其事當一屬之先生手書告
僚屬毋設科目一聽先生所爲且曰若賀君不至則此館毋虛設
先生感其意强起應之館成所致皆一時知名士趙衡張宗瑛武
錫玨輩相繼至潛心所業不顧流俗誹議學以大進未幾宗瑛嘔

血死趙衡以病錫珏以他事先後去先生以俗論難變人才蕭條亦慨然倦遊矣余在京師嘗延先生而館之畿輔學者請於大府備禮以聘先生先生不出民國紀元五月卒於家年六十四以其月葬於故城尹里之阡夫人蘇氏封恭人子葆初先卒葆眞葆良先生自幼至老卷册不去手舟車行旅未嘗少廢既失明日令學者誦說中外羣籍而爲之講貫譯書新出無不究覽所評隲古書及所爲文亦於失明後爲多有文集四卷尺牘若干卷行世其學雖以文爲主然綜貫中外政學而得其通嘗曰學無古今無中外唯其是爾其言政亦然所著文考論時政之源流得失務引西國新學新理以濬發吾民之智識憂深思遠讀其書知其謨議閎通迥非拘墟泥古者之爲也而從先生遊者亦多閎敏英儁能以材略自見於當世嗟乎古者以爲經緯天地謂之文自體國謀治以

下逮於民彝物則之繁何一不贖於文者而流俗不察輒以文學爲詬病於是相率蕩然蠢安於不學而自慫天下之紀綱法度遂一壞而無復留餘謂非變端之大可痛者乎昌明先生之學以詔來者不惟吾道之爲亦所以矯世也

賀先生行狀

曾祖諱雲舉嘉慶己卯進士官至江寧督糧同知贈中憲大夫
妣氏李贈恭人
祖諱式周道光壬辰庚子副貢選瀘州州判以親老不赴任贈
朝議大夫妣氏常氏楊贈恭人
父名錫璜同治甲子舉人以故城訓導致仕封中憲大夫妣繼
妣皆氏陳贈封皆恭人

先生諱濤字松坡姓賀氏先世山西洪洞人明永樂間遷直隸之武強居段家莊爲武強人三世祖諱成家隆慶間移居北代至先生之父以訓導入官故城不去復移居鄭家口先生生於北代卒於鄭家口中歲教學宦遊四方歸鄭家口甫餘二年卒即葬焉故今爲故城人賀氏望族其藏書名甲畿南高曾以來仍世有文至

先生益厲時獨出卒然躋宋明作者而上溯灊漢唐直與古之遺文接聲欬年十六補博士弟子員縣院試皆第一同治庚午舉於鄉先生有弟曰芷村先生諱沅與先生同榜鄉舉及光緒丙戌會試又兄弟同榜成進士學者傳以爲榮先是先生以考取國子監學正學錄改官大名教諭未及殿試學使按試至大名先歸芷村先生選翰林院庶吉士而先生以次科補試用主事分刑部先生幼即穎異在塾不喜與羣兒弄嘗獨坐默有所思體素羸氣不能載其聲至廢誦讀而所悟入皆古人爲學次第及所由徑途其於文事蓋有天授嘗爲反離騷桐城吳先生爲深州一見奇之登諸門牆授以歷代所傳斯文之緒及武昌張先生北來都講保定蓮池書院復引而通之張先生得之喜爲至寶也時吳先生方爲冀州言之上官移先生官自大名教諭調署冀州學正都講

信都書院先生乃益以研稽文藝爲事進則證所得於兩先生遠
者書問近者面質退則與諸生講說反復辨駁孜孜不已雜以笑
謔大暢厥旨至張先生南歸吳先生接都蓮池每有所作猶書寄
先生與爲是正嘗一日燕集於蓮池吳先生誚讓先生於吾文少
所違反乃不若范肯堂范肯堂者通州人諱當世嘗客吳先生所
張先生門下第一能文之弟子也先生從容徐答之曰回也非助
我者也於吾言無所不說衡嘗序吳先生所著深州風土記吳先
生與先生書有所商定先生答書曰某未見先生之書先見湘帆
所爲敘湘帆爲敘時亦未見先生之書宰我子貢有若智足以知
聖人吾二人之知先生視三子爲如何先生語言妙天下如此然
雅趣不爲滑稽濫說聞者解頤而事理的破昭晰無疑尤妙於說
書善爲形容正言不喻而偏宕言之間以譬況俾古人之聲音笑

貌淩厲紙上汲引學者心目由百世之下等百世之上若親與古人晤對唯諾一室之中烏乎此吾國歷代相傳斯文之緒緜緜繩繩以至於今而非他國所能有者也自東西海國文字風靡一世吾國文不絕如綫而張吳兩先生先後即世斯文之傳唯先生獨任其重三十年前先生即嘗擧新學以詔學子矣又愛西儒學說說理宏深病吾譯者蹇於辭不能達其誼思整齊要删成一家言其時學者蔽所不見不知先生所著者云何羣以其說爲怪及今新說大行則又迂謬先生即從先生久故如衡者亦以先生兢兢保守其文爲不達夫文非先生之文乃五千年以來歷代相傳緜緜繩繩以至於今者也律以優劣勝敗之例吾國文當推行於各國今各國之習學者爲不少矣而我乃自棄置之甚者且欲滅絕之則制省筆字以代之姑無論省筆字之不可通行而吾國五千

年相傳舊有之文字先自滅絕亡國之故事必其國之語言先亡文字者語言之尤精者也文字亡其國尚能存乎此有識者所同知而先生生平所深曠私計思欲得所藉手而挽救之者也先生都講吾冀凡十有八年以官辭不得去以目疾辭不得去既去吾冀乃漫游京師保定迭主長沙陳伯平中丞天津徐鞠仁太保今大總統項城袁公督直隸時於保定立文學館延先生主其事先是已有存古學堂之議鄉曲老儒額手稱慶在勢諸君子亦以爲非是則中學將亡先生獨以謂中學以文章爲主學文與他學不同或窮年佔畢不見其進而一旦驟長或執卷研索不得其解而觸物旁通若拘於學堂定例限之歲月而責以員程則所謂古者名存而實先亡矣至是袁公手書屬先生盡除去學堂科目一任先生之所爲又致書毛實君方伯代通殷勤且曰若賀君不至則

此館無庸虛設先生乃起而任事高縣其格厚與之餼人無定額業有專攻凡所招致皆一時知名之士南皮張宗瑛獻臺深州武錫珏合之首至衡以不才亦厠其間且言冀縣陳嘉謨獻廷深縣侯際辰亞武而棗強齊文煥蔚卿武邑吳之沆迂農王汝楫仲航絡繹具來有栗如桐琴齋者時方肄業保定高等學校既卒業試第一亦棄其所學來學先生則大喜曰吾道爲不孤矣日取所謂五千年相傳不失吾國高於各國之文爲諸生說之不異前在冀時其後來學者益多嫉者乃妒娼忌克百計傾之未幾袁公去直隸而先生亦辭館歸自是倦游不復出矣先生於學無所不究叕以文馭之故所得獨精雖專門其學者不能逮嘗爲天文之學馭以繞日新說而月行星軌道之膠轕悉除又剌得割圜曲線之要向所謂視蒙氣差測之悉準嘗爲輿地之學馭以今行省州縣依

所畫疆界犬牙鉤錯剪裁之分爲無數小圖而合之爲一其界
纖細僅如牛毛比每與學者說古人之文輒取所爲圖作列凡上
視數千百年以前戰爭割裂之壤地柀枒鉤棘瞭如掌文蓋文爲
諸學之機緘不能文而泛言攷證皆糟魄也不能文而侈談事功
皆瓦礫也不能文而高語性命皆朽腐也顧諸學以文爲機緘而
爲文要自有道自孔子次春秋以制誼法法卽易之所謂言有敘
誼卽易之所謂言有物也古人之渾言其理而於命意遣辭何以
爲有物安章宅句何以爲有敘固未之詳也先生嘗自言其於文
事粗有所知悉得力自評點評點之學創自明歸熙甫氏至方望
溪劉海峰姚姬傳氏下逮張吳兩先生承用其說爲之益多用以
發古人不傳之祕而爲後之學文者別啓一塗轍譬若新學之有
儀器標本於無可指示之端能爲之圖形指示俾學者一目了然

用至便法至善也衡侍杖履從先生日有事於評點丹墨斑駁圖
銳採雜無識者方目笑之不知古人所謂盛事大業其精神悉寄
於是也先生嘗曰吾生平無過人之才唯不敢學於無用或思越
所學擾精神而廢時日蓋先生之學唯專乃精界先生任歷代斯
文之緒每語及先生輒孫謝以爲專門之學也先生內行純篤於
昆弟始終無違言事父母尤能得其歡心視世事漠無足介其意
者其所介意世又不及知既任歷代斯文之重異學桀橫囂不得
施有文二百篇寫定在紙傳之其人以俟聖人以質百世配亥河
蘇氏生子三人長葆初先卒次葆眞世其家學次葆良孫五人孫
女二享年六十有四先生之沒實惟中華民國元年五月一日葆
眞來請紀衡從先生問學幾二十年實有見於緜緜繩繩吾國五
千年相傳不失之緒至重且大系之先生先生沒吾國老師大儒

無在矣謹據葆眞所述參以聞見稍加論次待賢人君子釆擇上付史館垂編錄門人趙衡謹狀

祭賀先生文

門人冀州趙衡

嗚呼天不喪文緜聯緜綳以迄於今忽失先生異學禁橫舉國偏反不有老成誰與要删更四千年道禮覇素一旦風靡盡失我故一再相傳生人代更書馬缺尾目不識丁五三六經高文典册有欲學者轉從海譯禮失求野野猶同書官失學夷職守之麤若古聖賢徵文雅故傳非其人雖言不著矧筆受舌未易一二又歷往還比至掃地始厄於秦火息復出補苴掇拾不作而述戎相華俗自漢迄唐大儒辨之吾道以明今茲之變吾道豈非有一先生亦不懲遺緜緜斯文不絕若綫有命世者必年五百時至無人有或不偶偶焉而合往往不壽豈天耄耋有厭斯文抑後非人不得與聞意其因難益以見巧没世不遺空言傳道譬羿誨射與人彀率句曲繩直用牡解閉先生之文寫定在紙有來取法師承在是等

從治文前後卅年妄有窺測蠡滓質天曰若稽古堯皇開文一書
兩書乾坤以分詩節書括大易之變三傳会書春秋直斷降經而
子孟公熊熊荀正莊詭韓孤屈窮卿跌雲嘖藏宋盛漢淵淵貝生
史憤而嘯唐宋能者柳廉韓橫蘇滑王拗歐逸會定自元迫明亭
亭一歸與韓俱起八代之衰因時高下紛不可理白言所異陰陽
而已貴下奇偶皮相已久辨之於氣剛柔仁誼擬此論者繫姚惜
抱求闕會公益分太少其所自爲會剛姚柔先生有作惜抱之儔
如海出日如歲發春金玉綿繡立如美人如慕如怨如思如望如
入明堂進退揖讓往年講學股肱溪巢受我還我戲言用勸大海
茫茫狂瀾既到砥柱中流疇與力衰大雅云亡我安所歸內哭其
私外世之悲相望百里不得臨穴謹辭攄哀以告永訣

祭松坡先生文　桐城吳千里

烏乎孔孟之道炳如星日終古難虧我又何恤惟是微言茲盡沓亡風頽波靡憶昔神傷聖賢既沒厥有韓子娩經軼傳鶩鶩譎詭唐後迄今湘鄉最雄發爲文章光氣熊熊伯父繼起並駕濂翁獨闢康衢用紹古風先生馳騁張吳門下傑出冠時無與抗者伯父罷官鄂講蓮池遭時太平跌宕酣嬉弟子三千衣冠濟濟爭奇門豔獻葩呈綺維予小子陪侍先生論文不倦氣壯聲閎先生善談正嘲閒作化俗爲雅頤解神愕及其爲文通微合天精能窮渺奥過師傳新舊雜糅恣肆猖獗遵規蹈矩中窾合節導源秦漢越宋跨唐橫流一柱疇可與當先生之學寢經饋史孜孜兀兀焚膏繼晷中夜爇燭覺乃攤書節解牢破字洗句梳尋脈逐源憑空御虛施之於文獨無古初嗟嗟先生勇可賈餘門徒從學挹奇沾逸源

同流異分支別派仰視先生負絶超邁茫茫九州渺如一芥先生
少時穎悟早成主講信都復仕於京晚居蓮池館閣文學失明德
勤不廢雕琢噫今天下光復漢儀列强橫恣詐變恢奇斯文掃地
寧知周孔往軫云遙來轍孰蹍泰山北斗人欽士竦麟鳳杳矣豈
曰無恐昔歲小子泣求銘章巍巍先德頓發幽光聲殫天地悠久
無疆感荷恩私百世難亡如何梁壞莫挽瀾狂南北乖隔山高水
長痛公哭私遠奠椒漿先生有靈來格來享

先君遺文都百七十餘首病目後所爲爲多先君幼讀書輒究討其文章義法因文以探作者之微旨旣冥契於古人有以自得而撰著殊少藁亦往往不存年且五十始多述作復評騭古人文有所編輯而遽病目遂弃官居館庽葆眞朝夕侍側每爲文口授葆眞代書錄藁旣多合舊所存藁以先後次爲四卷先君固未嘗更自審定也先君弃養方謀刊行今相國天津徐公爲先君生平知已石交乃篤念舊好招葆眞至都下殷殷垂詢先集餉以巨資促其鋟板且撰序文推闡先君志學甚具姑夫任丘宗芷山先生樹枏桐城吳君辟畺闓生外弟鞠如俊貞皆任校讎工旣竣獻縣紀泊居先生鉅維冀縣趙君湘颿衡爲之復校謹記梗概於後民國三年七月男葆眞謹識